VOL. 49

Dados Internacionais de Catalogação na Publicação (CIP)
(Câmara Brasileira do Livro, SP, Brasil)

Cesca, Cleuza G. Gimenes
  Comunicação dirigida escrita na empresa : teoria e prática / Cleuza G. Gimenes Cesca. — 5ª ed. rev. e ampl. — São Paulo : Summus, 2006. (Novas buscas em comunicação ; 49)

  Bibliografia.
  ISBN 978-85-323-0047-8

  1. Comunicação escrita e impressa 2. Comunicação na empresa 3. Relações públicas – Empresas I. Título. II. Série.

05-8902   CDD-658.45

Índice para catálogo sistemático:

1. Comunicação dirigida na empresa : Administração   658.45

Compre em lugar de fotocopiar.
Cada real que você dá por um livro recompensa seus autores
e os convida a produzir mais sobre o tema;
incentiva seus editores a encomendar, traduzir e publicar
outras obras sobre o assunto;
e paga aos livreiros por estocar e levar até você livros
para a sua informação e o seu entretenimento.
Cada real que você dá pela fotocópia não autorizada de um livro
financia um crime
e ajuda a matar a produção intelectual em todo o mundo.

COMUNICAÇÃO DIRIGIDA ESCRITA NA EMPRESA

TEORIA E PRÁTICA

CLEUZA G. GIMENES CESCA

COMUNICAÇÃO DIRIGIDA ESCRITA NA EMPRESA
Teoria e prática
Copyright © 1994, 2005 by Cleuza G. Gimenes Cesca
Direitos desta edição reservados por Summus Editorial

Assistência editorial: **Soraia Bini Cury**
Assistência de produção: **Claudia Agnelli**
Capa: **Sylvia e Nelson Mielnik**
Ilustrações: **Flavia Mielnik**
Diagramação: **Acqua Estúdio Gráfico**
Fotolitos: **Casa de Tipos**
Impressão: **Sumago Gráfica Editorial Ltda.**

Summus Editorial
Departamento editorial:
Rua Itapicuru, 613 – 7º andar
05006-000 – São Paulo – SP
Fone: (11) 3872-3322
Fax: (11) 3872-7476
http://www.summus.com.br
e-mail: summus@summus.com.br

Atendimento ao consumidor:
Summus Editorial
Fone: (11) 3865-9890

Vendas por atacado:
Fone: (11) 3873-8638
Fax: (11) 3873-7085
e-mail: vendas@summus.com.br

Impresso no Brasil

Ao Wilson,
um exemplo de homem,
com quem tenho
a alegria de viver um amor completo.

A Monnalisie, Brenno e Igor,
a certeza de nossa continuidade.

SUMÁRIO

Apresentação à primeira edição 11
Introdução à primeira edição 13
Introdução à quarta edição 17

1. RELAÇÕES PÚBLICAS 19
Agrupamentos espontâneos 20
    Públicos 20
    Multidão 21
    Massa 21
Públicos de Relações Públicas 22
    Nova classificação de públicos para Relações
    Públicas 23
    Opinião pública 27
        Como se obtém a opinião pública? 27
    Principais atividades de Relações Públicas 29
    Reformulação na legislação altera as atividades
    de Relações Públicas 32
    Planejamento de Relações Públicas 36
Veículos de comunicação 38
    Veículos de comunicação massiva 38
    Veículos de comunicação dirigida 38

2. ORGANIZAÇÕES 41
Classificação 41
    Estrutura 46
        Estruturas tradicionais 47
        Estruturas inovativas 61
    As transformações nas organizações 65
        Terceirização 67
        Cultura empresarial japonesa 72

Cultura organizacional 76
Meio ambiente 79
Consumidor respaldado pelo código de defesa 82
Competição no mundo globalizado............................... 87
Novas tecnologias 88
Mulheres na chefia 89
Privatizações, incorporações, fusões, cisões 90
Responsabilidade social... 99

3. COMUNICAÇÃO ESCRITA: IMPRESSA
E ELETRÔNICA.. 103
Correspondências 104
    Carta comercial 105
        Formas de endereçamento 107
        Identificação dos elementos da carta
        comercial 108
    Memorando 110
    Ofício 111
    Circular.. 114
    Requerimento 115
    Telegrama 118
    Correio eletrônico (e-mail) 120
    Fac-símile (fax) 121
    Barra de holerite 122
    Manual de integração... 123
    Quadro de avisos 125
    Jornal mural.. 127
    Cartaz/*banner*.. 130
    Caixa de sugestões 131
    Mala-direta... 132
    Folheto, *folder*, panfleto/*flyer*/volante.................... 134
    Teaser 135
    Press-release (comunicado de imprensa) 136
    Boletim de empresa 142
    Jornal de empresa 143

Planejamento editorial – etapas.................................. 146

Revista de empresa.. 151

Newsletter (carta informativa) 153

Relatório público anual (financeiro) 154

Relatório social.. 157

Livro de empresa 157

Modelos de comunicação escrita impressa e
eletrônica 159

4. SUPORTE PARA UMA BOA REDAÇÃO 243

Formas de tratamento.. 243

Utilização da crase... 247

Palavras com som igual, significado diferente e grafia igual
ou semelhante 251

Outras dificuldades 259

Como escrever certas palavras 260

Coletivos 270

Bibliografia 275

APRESENTAÇÃO
À PRIMEIRA EDIÇÃO

Comunicação dirigida, sim senhor!

Estamos caminhando em direção à comunidade de públicos. A sociedade de massas, que tem predominado em setores importantes da vida econômico-social mundial, começa a ser atacada, e até veículos de comunicação massiva têm sido desmassificados. É o início hegemônico da comunicação dirigida presente em toda a sociedade. Não aceitamos mais a informação padronizada, emocionalmente interesseira, que servia de repasto para as grandes massas.

Tanto jornalistas como profissionais de Relações Públicas reconhecem o valor da comunicação dirigida em seus campos de trabalho. Agora está chegando a vez dos empresários e governantes, que necessitam ser assessorados em suas atividades de comunicação.

Em boa hora, é lançado o livro da professora doutora Cleuza Gertrudes Gimenes Cesca, coordenadora do Curso de Relações Públicas da PUC-Campinas, focalizando, especificamente, o problema da comunicação dirigida escrita na empresa. Essa resultante de tese de doutorado apresentada no Curso de Pós-Graduação da Escola de Comunicações e Artes da USP representa um passo de gigante para a divulgação e compreensão da comunicação dirigida no nosso mundo empresarial e nas escolas de comunicação.

Ao lado dos conceitos teóricos previamente embasados em bibliografia copiosa, a autora, com rara maestria, entra pela prática, com numerosos exemplos e sugestões absolutamente viáveis para os seus leitores, que não deverão ser poucos. Numa linguagem fácil e modelos inteligentes, ela demonstra a necessidade de a comunicação dirigida – escrita em particular – ser empregada nas empresas com a assessoria de Relações Públicas.

C. Teobaldo de Souza Andrade
Professor titular da ECA/USP

INTRODUÇÃO
À PRIMEIRA EDIÇÂO

A proposta deste livro é apresentar toda a comunicação dirigida escrita que se utiliza nas empresas, sugerindo que sua administração fique sob a responsabilidade do setor de Relações Públicas.

Como Relações Públicas é a atividade que tem por objetivo criar e manter as boas relações entre a empresa e seus diversos públicos, utiliza para atingir essa meta vários instrumentos, entre eles a comunicação dirigida escrita, que, onde quer que esteja o destinatário (público), representa o emissor (empresa). Grande parte das transações de uma empresa tem origem na troca dessa comunicação. Cada comunicação expedida leva consigo a imagem da empresa para a formação de conceito, daí a sua importância também quanto à forma e ao conteúdo.

Nossa experiência em empresas privadas, na administração de uma escola de 3.º grau e magistério de 3.º grau, mostrou-nos que a comunicação dirigida escrita impressa está desatualizada. Por outro lado, a maior parte da bibliografia existente sobre o assunto é escrita por pessoas com formação em língua portuguesa que desconhecem a linguagem técnica e a forma utilizada nas empresas em geral.

Esse tipo de preocupação chegou, recentemente, à esfera federal, a ponto de a Presidência da República ter publicado um manual de redação com o objetivo de padronizar a correspondência expedida por seus órgãos, em todos os níveis. Embora sejam apenas normas para a correspondência, que é parte da comunicação dirigida escrita, demonstra preocupação com sua uniformidade em todos os setores, já que o emissor é sempre o mesmo: a administração pública.

De acordo com nossa pesquisa bibliográfica, não temos conhecimento de obras nacionais e estrangeiras que tratem especificamente do tema Relações Públicas e comunicação dirigida escrita na empresa. Muitas obras oferecem suporte teórico sobre Relações Públicas e língua portuguesa; no entanto, pouco se tem refletido sobre comunicação dirigida escrita, principalmente quanto à forma e ao conteúdo.

O presente trabalho está dividido em quatro capítulos: no primeiro, focaliza as Relações Públicas, suas atividades, seus públicos, planejamento e veículos de comunicação.

No segundo capítulo, faz uma análise das organizações empresariais, estruturas tradicionais e inovativas (modernas), da terceirização e da introdução da cultura empresarial japonesa na empresa brasileira, e sugere a posição ideal das Relações Públicas no organograma empresarial.

No terceiro capítulo, aborda as comunicações dirigidas, sugerindo sua administração pelo setor de Relações Públicas.

No quarto capítulo, apresenta uma proposta para aplicação da comunicação dirigida escrita na empresa.

Embora a comunicação dirigida escrita seja um instrumento fundamental das Relações Públicas para a formação de opinião pública favorável às empresas, não tem merecido por parte destas a atenção que requer para cumprir a sua finalidade.

Por outro lado, as empresas brasileiras estão passando por grandes transformações, decorrentes da nova cultura empresarial que está sendo implantada em conseqüência das mudanças mundiais a que estamos assistindo.

A redução do quadro de funcionários resultante da terceirização, a adoção de estruturas inovativas em substituição às tradicionais, os círculos de controle de qualidade e outros métodos oriundos da cultura empresarial japonesa têm mudado o perfil das empresas.

Essas mudanças refletem-se na imagem e no conceito das empresas, ressaltando, com isso, o importante papel das Relações Públicas nesse momento de transformações, para manter a opinião pública favorável.

Uma política de comunicação ampla, tendo como suporte a comunicação dirigida escrita, é uma estratégia para administrar essa questão.

Esperamos, portanto, que este livro possa contribuir com empresários, profissionais de Relações Públicas, executivos, estudiosos da área e demais interessados, pois, à medida que analisa e discute a situação, fornece subsídios para administrar questões inerentes ao tema. Poderá, ainda, servir de subsídio às empresas que pretendam adotar um manual de redação para padronizar sua comunicação escrita, ou mesmo adotar uma política de comunicação. Servirá, também, como material de consulta para alunos de graduação e pós-graduação, principalmente das áreas de comunicação social e secretariado bilíngüe superior.

INTRODUÇÃO
À QUARTA EDIÇÃO

Visando atender às exigências geradas pelas mudanças ocorridas nas organizações/empresas, esta edição apresenta-se revisada, atualizada e ampliada.

Acrescenta ao primeiro capítulo: nova classificação de públicos para Relações Públicas; proposta de modificação da legislação que altera as atividades de Relações Públicas; e recomendação quanto aos aspectos eletrônicos para os veículos de comunicação dirigida e massiva.

O segundo capítulo tem o acréscimo de outras transformações ocorridas nas organizações, tais como: cultura organizacional, meio ambiente, consumidor respaldado pelo Código de Defesa do Consumidor, competição no mundo globalizado, mulheres em cargo de chefia, privatizações, responsabilidade social e novas tecnologias.

No terceiro capítulo, a comunicação dirigida escrita impressa foi ampliada e transformada também em escrita eletrônica, apresentando, no mesmo capítulo, os respectivos modelos, com indicação de seus públicos de interesse.

Foi incluído um quarto capítulo — suporte para uma boa redação —, que tem a finalidade de subsidiar a produção de toda a comunicação escrita.

Espera-se que esta obra continue auxiliando profissionais da área de Relações Públicas, executivos, estudantes de graduação e pós-graduação, principalmente das áreas de comunicação social, administração, secretariado superior e também áreas afins, como tem ocorrido desde o seu lançamento.

A autora

CAPÍTULO 1

RELAÇÕES PÚBLICAS

A maioria dos autores brasileiros e estrangeiros que escreveu sobre Relações Públicas já apresentou sua história e definiu-a.

Todas as definições traduzem aquilo que a Associação Brasileira de Relações Públicas (ABRP) apresenta e é oficial para os brasileiros (Andrade, 1978, p. 18): "É o esforço deliberado, planificado, coeso e contínuo da alta administração para estabelecer e manter a compreensão mútua entre a organização e todos os grupos aos quais está ligada, direta ou indiretamente".

Naturalmente, essa definição e outras são fruto de reflexões sobre frases famosas — como de Vanderbilt, "O público que se dane", ou de Ivy Lee, "O público deve ser informado" — e suas conseqüências.

Para termos claro a que grupo de pessoas desejamos dirigir nossa comunicação, é importante definir os diversos agrupamentos espontâneos possíveis.

AGRUPAMENTOS ESPONTÂNEOS

Públicos

Os públicos são os destinatários da comunicação dirigida escrita; por isso, é necessário fazer algumas considerações sobre o que vem a ser esse agrupamento espontâneo.

Público é um agrupamento espontâneo que tem gerado algumas interpretações errôneas, devido a outros agrupamentos espontâneos, tais como massa e multidão; portanto, pesquisamos alguns autores para esclarecer dúvidas.

Afirma Teobaldo de Souza Andrade (1989, p. 40) que

> público é um agrupamento espontâneo de pessoas adultas e/ou grupos sociais organizados, com ou sem contigüidade física, com abundância de informações, analisando uma controvérsia, com atitudes e opiniões múltiplas quanto à solução ou medidas a serem tomadas frente a ela; com ampla oportunidade de discussão e acompanhamento ou participando de debate geral, através da interação pessoal ou dos veículos de comunicação, à procura de uma atitude comum, expressa em uma decisão ou opinião coletivas, que permitirá a ação conjugada.

Portanto, para a formação do público é necessária a existência de uma controvérsia, pessoas ou grupos organizados de pessoas, com ou sem contigüidade, para discussão, predomínio da crítica e reflexão, à procura de uma atividade comum para chegar a uma opinião coletiva.

Com essa atitude, no público o indivíduo não perde a faculdade crítica e o autocontrole; está disposto a intensificar sua habilidade crítica e de discussão ante a controvérsia; age racionalmente por meio de sua opinião, mas disposto a fazer concessão e compartilhar de experiências alheias.

Multidão

Há inicialmente três tipos de multidão, de acordo com Andrade (1988, p. 10): eventual, convencional e expressiva. Eventual ou causal: pode ser exemplificada por um grupo momentâneo de espectadores diante de um acontecimento em local público. Convencional: seus membros se comportam de forma convencional e por tempo limitado. Pode ser exemplificada por pessoas que se encontram em determinado lugar, na mesma hora, para assistir a um evento. Expressiva ou dançante: quando as pessoas descarregam suas tensões emocionais em atos inofensivos, quando se comportam fazendo movimentos físicos que são configurados pelo ritmo, como nos desfiles de escolas de samba.

Quando a multidão se manifesta por meio de intensa ação, temos a *multidão ativa* — que é a forma que realmente a caracteriza. É o momento no qual o grupo de pessoas levadas pelo sentimento coletivo chega até a linchamentos. Essa forma de multidão possui as seguintes características: é um grupo espontâneo, possui contigüidade física, envolve número limitado de pessoas, age por impulso, é inconstante, sugestionável e irresponsável. O indivíduo, na multidão, perde a faculdade crítica e autocrítica, pois, pela sugestão, incorpora sua personalidade à dos outros membros. Em estado de excitação, sente-se possuído pela sensação de poder e invencibilidade.

Só é possível controlar uma multidão quando se consegue evitar que sua atenção seja focalizada, coletivamente, em um só objetivo.

Massa

Quando várias pessoas, sem contigüidade física especial, participam de um mesmo comportamento coletivo, frente a um evento excitante, escolhendo as mesmas soluções e agindo paralelamente, surge a massa. (Andrade, 1993, p. 13)

Seus membros podem ser de todos os níveis sociais, diferentes culturas e poder aquisitivo. O indivíduo, na massa, não perde totalmente a faculdade crítica ou autocrítica; ele continua consciente e age, não em resposta a uma sugestão, mas por força do objeto que conquistou sua atenção.

Para estabelecermos as diferenças entre esses três agrupamentos espontâneos, observemos o quadro seguinte:

Público	Multidão	Massa
Com ou sem contigüidade física	Com contigüidade física	Sem contigüidade física
Existência de uma controvérsia	Existência de um acontecimento que chame a atenção	Existência de um evento excitante
O indivíduo não perde a faculdade crítica e autocrítica	O indivíduo perde a faculdade crítica e autocrítica	Não perde totalmente a faculdade crítica
Age racionalmente	Age irracionalmente	Age racionalmente
Os indivíduos podem pertencer a vários públicos	Indivíduos pertencem, a cada vez, a uma multidão	Os indivíduos podem pertencer a várias massas

PÚBLICOS DE RELAÇÕES PÚBLICAS

Esclarecidas as questões relativas ao público e demais agrupamentos espontâneos, partimos às considerações quanto aos públicos de Relações Públicas.

A respeito da classificação desses públicos existem posições diversas. Há aqueles autores que preferem classificá-los em duas grandes categorias: interno e externo (Penteado, 1969, p. 55). Outros, em três categorias: interno, externo e misto (D'Azevedo, 1971, p. 69). As divergências são ainda maiores quando procuram determinar interno, externo e misto (D'Azevedo, ibidem, p. 80).

Nova classificação de públicos para Relações Públicas

As classificações existentes de públicos para Relações Públicas, criadas cada qual a seu tempo, muito contribuem para que as organizações mapeiem seus públicos. Entretanto, em tempos de globalização, avanços de informática, modernas técnicas de administrar, em que os mais variados tipos de terceirização apresentam públicos com outras características, que não se enquadram nas classificações já existentes, é necessário, se não reformular o que já existe, pelo menos acrescentar.

Simões (1995, p. 131) argumenta que a forma como se tem classificado os públicos

> [...] tem sido satisfatória ou, pelo menos, ninguém a contestou na visão anterior de Relações Públicas, apesar de sua restrita utilidade para a elaboração de diagnósticos e prognósticos da dinâmica da relação. Serve para enquadrar os distanciamentos dos públicos quanto ao centro de poder da organização. Esse ponto de vista, entretanto, não resiste à análise, caso se considerem os deslocamentos constantes das fronteiras organizacionais e, também, das pessoas, através dos vários públicos a que pertencem. O reposicionamento teórico apresentado nesta tese

não se contenta com essa classificação e seu critério. Considera-os insuficientes para caracterizar o tipo de relação público/organização. Os públicos precisam ser compreendidos sob outra ótica. É imprescindível identificá-los, analisá-los e referenciá-los quanto ao poder que possuem de influenciar os objetivos organizacionais, obstaculizando-os ou facilitando-os.

Organizações como bancos, hospitais, metalúrgicas e diversos outros ramos de atividade têm em seus espaços físicos funcionários de outras empresas que prestam serviços de limpeza, transporte, informática, contabilidade etc., cumprindo horários e em caráter permanente. Que públicos são esses para a empresa que os recebe e para as empresas que os enviam?

Ambas, quem recebe e quem envia, têm responsabilidades para com esses funcionários. Entretanto, a classificação de públicos do ponto de vista das Relações Públicas será definida segundo os critérios de cada empresa/organização.

Diante disso, propomos uma nova classificação de públicos para Relações Públicas, com base no vínculo jurídico-físico.

Essa classificação toma por base a de Teobaldo de Souza Andrade, que é física, e acrescenta a ela a característica jurídica da relação empresa/público.

O aspecto jurídico nas organizações em geral é muito relevante, principalmente quando há controvérsia entre as partes envolvidas. É aquele aspecto sobre o qual as organizações dispendem muita atenção, pois o julgamento dos atos pode extrapolar a esfera organizacional, indo para a justiça comum — o que gera desgastes de toda a ordem.

Essa classificação de públicos proposta vem auxiliar no sentido de tornar transparente no âmbito organizacional essa relação públicos/organização.

PÚBLICO INTERNO-VINCULADO	PÚBLICO INTERNO-DESVINCULADO	PÚBLICO MISTO-VINCULADO	PÚBLICO MISTO-DESVINCULADO	PÚBLICO EXTERNO
Administração superior Funcionários fixos Funcionários com contratos temporários	Funcionários de serviços terceirizados que atuam no espaço físico da empresa	Vendedores externos não autônomos Acionistas Funcionários de transporte com vínculo empregatício Funcionários que trabalham em casa de forma não autônoma Funcionários que prestam serviços em outras empresas	Fornecedores Vendedores externos autônomos Distribuidores Revendedores Funcionários que trabalham em casa de forma autônoma Familiares de funcionários Funcionários de transporte terceirizados	Comunidade Consumidores Escolas Imprensa Governo Concorrentes Bancos Sindicatos Terceiro setor

O tipo de vínculo jurídico (menor ou maior) com a organização não exclui nenhum dos públicos das ações de Relações Públicas, nem de esses serem seus agentes de Relações Públicas.

Para Canfield (1970, p. 7), os interesses dos públicos com relação às empresas são diferentes, mas assemelham-se em um ponto: são interesses egoístas.

Os funcionários se interessam pela empresa em que trabalham porque vêem nela uma fonte de remuneração, e por ela oferecer-lhes consideração, boas e estáveis condições de trabalho e oportunidades de progredir. Os clientes, por outro lado, têm interesses porque as empresas representam uma fonte de bons produtos ou serviços. Os acionistas se interessam por uma empresa que pague dividendos e aumente os lucros. Os fornecedores de bens de consumo, peças ou matéria-prima interessam-se por negociações eqüitativas e razoáveis com clientes que compram seus produtos.

A comunidade onde funciona a empresa se interessa por ela principalmente como boa integrante da vida comunitária, que contribui para o progresso geral e participa das atividades locais, auxiliando escolas e igrejas, incentivando organizações de caridade, apoiando a boa administração pública e contribuindo com impostos.

Concordamos com Canfield em que há, por parte dos públicos, interesses egoísticos com relação às empresas, mas a recíproca também é verdadeira, até mesmo pela interdependência que existe entre ambos. Toda produção ou serviços das empresas são destinados a esses públicos, que são seus consumidores. Não estariam as empresas sendo também egoístas quando oferecem seus produtos ou serviços com vícios a esses públicos, os consumidores, tendo assim uma ganância desenfreada pelo lucro?

Nos últimos tempos, porém, com a maior concorrência gerada pela globalização, as empresas estão revendo seus conceitos, reciclando, aprimorando-se em busca da excelência em seus produtos ou serviços, para conseguir sobreviver.

Segundo Falconi (1992, p. 11), uma empresa honesta só pode sobreviver dentro de uma sociedade se for para contribuir para a satisfação das necessidades das pessoas. E essas pessoas são: os consumidores, que devem sentir-se satisfeitos por um longo tempo após a compra do seu produto ou utilização do seu serviço; o funcionário, pessoa que precisa ser bem paga e respeitada como ser humano e ter a oportunidade de crescer; o acionista, para quem a empresa tem de ser lucrativa para poder pagar-lhe os dividendos; a comunidade, que deve ser respeitada mediante o controle ambiental.

Não deve, portanto, o lucro ser o objetivo maior. Ele será decorrência da política administrativa, que levará a empresa a boas posições no mercado. É preciso estar entre os melhores pelo seu conjunto de diretrizes.

Opinião pública

Por meio do desenvolvimento de políticas de Relações Públicas, a empresa terá condições de atender aos interesses dos diversos públicos, que são expressos pela opinião deles, isto é, a opinião pública.

Como se obtém a opinião pública?

Para o público chegar a uma opinião comum, existe todo um processo de desenvolvimento que abrange quatro fases iniciadas com o aparecimento da controvérsia — que gera nas pessoas a necessidade de discussão, dado o incômodo que provoca.

Na segunda fase desse desenvolvimento, tenta-se, por meio de debates públicos, palestras, reportagens e pareceres de autoridades no assunto, definir essa controvérsia. Aí são usados os meios de comunicação.

A discussão pública começa propriamente quando o seu desenvolvimento entra na terceira fase, delimitando-se então a controvérsia por meio de propostas e soluções alternativas. Nessa fase, no calor da discussão, poderá surgir um comportamento próprio de multidão, que desaparece depois de os ânimos se acomodarem.

Delimitada a controvérsia, chega-se a uma opinião comum, que, obviamente, não é a opinião da maioria ou minoria, mas uma opinião representada por todas as opiniões dos participantes da discussão pública. Daí se segue a ação conjugada.

As características da opinião pública, segundo Andrade (1988, p. 15), são as seguintes:

- não é uma opinião unânime;
- não é, necessariamente, a opinião da maioria;
- normalmente, é diferente da opinião de qualquer elemento do público;
- é uma opinião composta pelas diversas opiniões existentes entre o público;
- está em contínuo processo de formação, em direção a um consenso completo, sem nunca alcançá-lo.

A racionalidade deverá estar presente nesse processo de desenvolvimento, mas, para que seja possível, é preciso haver um começo de entendimento entre os indivíduos que fazem parte da discussão. Não poderá, portanto, haver posições dogmáticas ou fanáticas entre os elementos do grupo. É, portanto, a controvérsia que dá origem à formação do público — e, conseqüentemente, à opinião do público.

Assim, quando nossos comunicadores usam o termo "opinião pública" como opinião do povo em geral, na realidade estão se reportando à manifestação de sentimentos coletivos de massa. Não se trata, portanto, de opinião pública resultante de discussão de um público, formado por meio de controvérsias.

Para obter uma opinião que represente todo um povo (massa), é preciso formar vários públicos e conseguir de cada um deles a "opinião do público". Posteriormente, obter-se-á dessas opiniões uma opinião final, a qual representará todos.

A contribuição dos indivíduos para a formação da opinião pública é variável, embora todos sejam atingidos pelo problema em discussão; existindo também aqueles que são meros espectadores.

Principais atividades de Relações Públicas

São atividades principais de Relações Públicas: assessoria e consultoria, pesquisa, planejamento, execução e avaliação. Cada uma dessas atividades compreende atividades menores, que vêm facilitar, assim colocadas, a própria descrição dos cargos das empresas.

Assessoria e consultoria

Sugere à alta administração políticas para os setores da empresa que trabalham com a opinião pública. Por exemplo:

- políticas de Relações Públicas;
- políticas de publicidade institucional;
- políticas de relações industriais;

- políticas de apoio ao marketing;
- políticas no tratamento com os diversos setores da opinião pública.

Pesquisa

Realiza todos aqueles levantamentos que entende necessários para respaldar seu trabalho, tais como:

- pesquisas de opinião pública e análise de resultados;
- análise de recortes de imprensa;
- análise de entrevistas com líderes de opinião;
- análise de correspondências;
- definição dos públicos de interesse da empresa;
- promoção e análise de resultados de pesquisa e leitura;
- elaboração de calendários de eventos e promoções;
- análise de pesquisa de audiência;
- detecção de situações da empresa que possam afetar sua imagem perante a opinião pública.

Planejamento

Elabora programas e projetos de Relações Públicas e requisita recursos técnicos e humanos para a sua execução. Por exemplo:

- prepara planos de campanhas e operações de Relações Públicas;
- planeja campanhas institucionais de publicidade;
- seleciona pessoal para a execução de programas;
- apresenta e explica os programas à direção.

Execução

Realiza todos os trabalhos concernentes à divulgação jornalística, comunicação com os públicos e eventos. Por exemplo:

Comunicação dirigida escrita na empresa

Divulgação jornalística externa
- elabora e distribui noticiário por meio de *press-releases* para os veículos de comunicação social;
- organiza e dirige entrevistas coletivas;
- mantém contatos permanentes com a imprensa;
- supervisiona coberturas fotográficas e de TV, orientando a realização do trabalho;
- organiza e mantém atualizados arquivos de imprensa;
- encarrega-se da produção de fotografias, filmes etc.

Comunicação entre a empresa e seu público
- elabora publicações da empresa para funcionários, clientes, fornecedores etc. (*house-organs*);
- prepara folhetos, relatórios, livros, cartazes etc.;
- sugere campanhas publicitárias;
- elabora promoções institucionais;
- prepara quadros de avisos, exposições, mostras etc.;
- organiza e dirige visitas às instalações, viagens etc.;
- redige discursos, mensagens, correspondências etc.;
- cria e dirige sistemas de comunicação específicos;
- elabora materiais audiovisuais;
- mantém contatos pessoais por outros meios com líderes de opinião, empresários, autoridades etc.;
- atende consultas, pedidos etc.;
- organiza entrevistas e contatos com a direção da empresa.

Eventos e promoções especiais
- organiza promoções e eventos, tais como: inaugurações, comemorações, convenções, congressos, conferências, simpósios etc.;
- dirige o cerimonial;
- representa a empresa e sua direção;

- mantém cadastro de líderes de opinião de interesse da empresa.

Gerência de assuntos públicos
- elabora cadastro de assuntos de interesse público afeto à empresa;
- organiza grupos de trabalho específicos a cada assunto ou grupo de trabalho;
- coordena o trabalho desses grupos e apresenta sugestões à diretoria;
- coordena a execução de atividades sugeridas por esses grupos e aprovadas pela direção da empresa.

Avaliação
Avalia, com técnicas de pesquisa e análise, os resultados dos trabalhos de Relações Públicas desenvolvidos.

Reformulação da legislação altera as atividades de Relações Públicas

Em decorrência de proposta apresentada pelo Parlamento Nacional de Relações Públicas (Cesca, 2000, p. 33-34), as funções e atividades de Relações Públicas serão como segue:

Funções específicas
- diagnosticar o relacionamento com os seus públicos;
- prognosticar a evolução da reação dos públicos diante das ações das entidades;
- propor políticas e estratégias que atendam às necessidades de relacionamento das entidades com os seus públicos;
- implementar programas e instrumentos que assegurem a interação das entidades com seus públicos.

Atividades específicas que visam ao cumprimento dessas funções

Realizar:

- pesquisas e auditorias de opinião e imagem;
- diagnósticos de pesquisas e de autorias de opinião e imagem;
- planejamento estratégico de comunicação institucional;
- pesquisa de cenário institucional.

Estabelecer programas que caracterizem a comunicação estratégica para a criação e manutenção do relacionamento das instituições com seus públicos de interesse.

Planejar, coordenar e executar programas de:

- interesse comunitário;
- informação para a opinião pública;
- comunicação dirigida;
- utilização de tecnologia de informação aplicada à opinião pública;
- esclarecimento de grupos, autoridades e opinião pública sobre os interesses da organização.

Ensinar disciplinas de teoria e técnicas de Relações Públicas. Avaliar os resultados dos programas obtidos na administração do processo de relacionamento da entidade com seus públicos.

Em pesquisa realizada (Cesca, 1986) constatou-se que as atividades de Relações Públicas existem em todas as empresas, porém nem sempre são desenvolvidas por esse profissional. Portanto, teoricamente, elas pertencem à área, mas, na prática, outros profissionais ocupam cargos, com nomenclaturas diferentes de gerente de Relações Públicas, chefe de Relações Públicas, diretor de Relações Públicas, que também as executam. Em pesquisa feita posteriormente (Cesca, 1994), os dados acima também se confirmaram.

Sobre a importância das Relações Públicas, Wey (1983, p. 24) diz: "É preciso dar a Relações Públicas a imagem de uma atividade realmente importante no contexto da administração de empresas, no sentido de aumentar, concentrar e harmonizar esforços para se conseguir melhores resultados".

Adverte Nogueira (1977, p. 1):

Qualquer plano de marketing visa a venda de um produto, em termos das vantagens que oferece a seus potenciais compradores. Assim, a profissão de Relações Públicas só terá um lugar ao sol quando for conhecida e reconhecida pelo que é. Para que isso aconteça, é preciso que haja quem compre esses serviços, quer como profissionais autônomos, quer como empresas de assessoria externa. Esse objetivo só será atingido se delinearmos e pusermos em prática um verdadeiro plano de marketing para a profissão Relações Públicas. E a única vantagem que pode sensibilizar uma empresa, a ponto de ela comprar o serviço, é a possibilidade de lucro que o investimento apresente. Como a única área em que esse lucro pode ocorrer é a de marketing, é evidente que devemos concentrar nossos esforços de "venda" de Relações Públicas nesse setor.

Cohen (1990, p. 16) aborda da seguinte forma o desconhecimento que as empresas têm com respeito à profissão:

[...] eu acabei chegando à conclusão de que não é bem assim, em parte porque é impossível negar que o termo "Relações Públicas" está infelizmente deturpado por conceitos completamente alheios ao que são as verdadeiras Relações Públicas (Relações Públicas – Precisa-se, com nível colegial e condução própria). Este é um tipo de anúncio ainda muito comum em classificados, apesar da legislação que restringe o uso do termo a pessoas formadas por faculdades.

Uma recente pesquisa (Cesca, 2001) revelou que as atividades de Relações Públicas são constantes também de funções com as seguintes denominações: gerente de comunicação; coordenador de comunicação interna, de serviços ao consumidor, de relações com a comunidade; relações governamentais; relações institucionais; relações com o meio ambiente; relações com o terceiro setor, assessor de imprensa, endomarketing etc.

Isso constata, também, que o campo está aberto para profissionais das mais variadas formações, pois somente o cargo denominado Relações Públicas exige formação nessa área e é fiscalizado pelo Conrerp. Há, porém, segundo a referida pesquisa, alguma preferência, na ocasião do recrutamento e seleção, por profissionais com formação em Relações Públicas para ocupar esses cargos com denominações diferentes.

Com essas alterações é possível afirmar que Relações Públicas, em seu novo perfil, *é uma profissão polivalente, multifuncional, que trabalha com a comunicação integrada e estratégica, visando fazer a organização atingir sua missão, visão e objetivos, contribuindo também para seus negócios.* E exige de quem for exercê-la:

- conhecimento de todas as técnicas de Relações Públicas;
- dinamismo;
- facilidade de relacionamento;
- conhecimento das transformações mundiais e da organização em que for atuar;
- noções de planejamento estratégico;

Cleuza G. Gimenes Cesca

- pensamento globalizado e ação localizada;
- domínio de idiomas;
- domínio de redação;
- conhecimento de estratégias de negócios;
- boa cultura geral;
- facilidade de rápida adaptação a mudanças.

É importante mencionar que esses são os perfis da profissão e do profissional que o candidato deverá atingir durante os primeiros anos de sua carreira; portanto, não é um perfil exigido logo na saída da universidade para o mercado de trabalho.

Há um tempo para se chegar a esse estágio de desenvolvimento pessoal e profissional — justamente por isso, as organizações em geral possuem cargos de profissional júnior, *trainee*, auxiliar, estagiário etc.

Planejamento de Relações Públicas

Para atingir os objetivos propostos na própria definição de Relações Públicas, é necessário desenvolver um trabalho programado, planejado, com etapas a serem cumpridas, denominado processo ou planejamento de Relações Públicas. Para Andrade (1993, p. 117), esse processo compreende seis fases: determinação do público; apreciação do comportamento; levantamento das condições internas; revisão e ajustamento; programa de informações; controle e avaliação dos resultados. Wey (1983, p. 40) prefere optar por cinco fases: diagnóstico; planejamento; orçamento; execução e avaliação.

Afirma Penteado (1969, p. 14) que a seqüência dos processos que se incluem nos planejamentos de Relações Públicas é: "determinação do objetivo; análise de experiências anteriores; seleção dos públicos; escolha de instrumentos; estimativa de custos; aprovação de administração superior; mentalização para a ação; ação; acompanhamento e adaptação e avaliação dos resultados".

Explica Kunsch (1989, p. 79) que o planejamento "é uma ferramenta para a eficácia das atividades de Relações Públicas, porque evita a improvisação, oferece maiores possibilidades para a consecução dos objetivos, permite racionalizar os recursos necessários e dá uma orientação básica, capaz de permitir a avaliação de resultados".

Para a autora (ibidem, p. 80),

> um planejamento possui mais fases, sendo constante de: conhecimento da organização e pesquisa institucional; diagnóstico e identificação de problemas; *briefing* ou resumo das informações públicas; definição de objetivos e metas; justificativas; estratégias e programas de ação; escolha dos meios de comunicação; determinação dos recursos necessários; orçamento; aprovação; implantação; controle; avaliação de resultados.

Da análise feita sobre as posições dos autores mencionados, podemos depreender que, independentemente da nomenclatura que se atribua a essas fases, é importante destacar que esse processo passa necessariamente por: definições dos objetivos com base na política da empresa; determinação do público com o qual se vai trabalhar; aplicação de estratégias adequadas; determinação de recursos técnicos e humanos necessários; fatores condicionantes para a execução; orçamento previsto para aprovação da diretoria; implantação (colocação do projeto em execução); acompanhamento e controle de todas as atividades; e avaliação dos resultados obtidos.

VEÍCULOS DE COMUNICAÇÃO

No processo da comunicação, os veículos utilizados podem ser classificados como: veículos de comunicação massiva e veículos de comunicação dirigida.

Veículos de comunicação massiva

São aqueles capazes de levar a um grande número de pessoas, rapidamente, uma mensagem, atingindo diferentes públicos de forma indistinta e simultânea.

São veículos de comunicação massiva:

Veículos escritos impressos: jornais e revistas.
Veículos orais: emissoras de rádio e serviços de alto-falantes.
Veículos audiovisuais: emissoras de televisão.

Veículos de comunicação dirigida

Têm por finalidade transmitir ou conduzir informações para estabelecer comunicação limitada, orientada e freqüente com um número selecionado de pessoas homogêneas e conhecidas.

Teobaldo de Souza Andrade (1993, p. 127) divide esses veículos em quatro grupos, que vêm facilitar muito a compreensão e identificação: escritos, orais, aproximativos e auxiliares.

Escritos: correspondência; mala-direta; manuais; publicações; relatórios; periódicos.

Orais: reuniões de informação ou discussão, congressos e convenções; conferências, conversas, entrevistas e discursos; conferama (conferência com dramatização); telefone, intercomunicadores, radiocomunicação e alto-falante.

Aproximativos: visitas; praça de esportes, auditório, biblioteca, museus, ambulatórios e outros logradouros usados pelos públicos; acontecimentos especiais, tais como: inaugurações, datas cívicas, comemorações e outros eventos congêneres; serviços prestados à comunidade, donativos, bolsas de estudo, concursos etc.

Auxiliares: compreendem os recursos visuais, auditivos e audiovisuais.

Visuais: álbum seriado; diafilmes; desenho animado; flanelógrafo; gráficos; marca; modelos em escala; quadro de velcro; bandeiras; diapositivos; exposições; fotografias; imantógrafo; mapas; pinturas; sinalização; cartazes; diagramas; filmes; gravuras; logotipo; mural; quadro de giz; transparências.

Auditivos: alarmes; apitos; discos; fitas magnéticas; sirenes.

Audiovisuais: filmes sonorizados; videocassete; diafilme sonorizado; seqüência sonorizada de diapositivos.

À classificação fornecida por Teobaldo de Souza Andrade, quanto aos veículos de comunicação dirigida escrita, acrescentamos os seguintes: barra do holerite, quadro de avisos, cartaz/*banner*, caixa de sugestões, comunicado de imprensa (*press-release*) e *teaser.*

Necessário se faz também acrescentar o caráter escrito eletrônico em todos os veículos mencionados, como se vê no terceiro capítulo.

CAPÍTULO 2

ORGANIZAÇÕES

Para o estudo das organizações sob o ponto de vista das Relações Públicas existe uma vasta gama de aspectos a considerar. Tais aspectos incluem desde o tipo de organização, suas metas e produtos ou serviços, até sua formação estrutural, cultura organizacional e relações com o ambiente e a sociedade em torno, sejam seus fornecedores, concorrentes, clientes, seja a comunidade em que atua.

CLASSIFICAÇÃO

São várias as maneiras de classificar as organizações. De acordo com Kunsch (1989, p. 25),

As organizações, para serem estudadas e compreendidas, têm de ser vistas sob a ótica de uma classificação tipológica, devido à complexidade que as caracteriza e à variedade de tipos de organizações existentes. Podemos fazê-lo em função do tamanho

41

(pequena, média e grande), volume de negócios, finalidades, âmbitos (nacional, multinacional), tipos de atividades, formas de propriedade (públicas, privadas, sem fins lucrativos) etc.

Etzioni (in Chiavenato, 1979, p. 41) prefere classificar as organizações em coercitivas (prisões, instituições penais), utilitárias (empresas em geral) e normativas (igrejas, universidades e hospitais).

Baus e Scott, citados por Chiavenato (ibidem, p. 42), assim classificam: associações de benefícios mútuos (cooperativas, associações de classe, sindicatos, fundos mútuos, consórcios etc.), organizações de interesses comerciais (empresas privadas ou sociedades anônimas), organizações e serviços (hospitais, universidades, organizações filantrópicas) e organizações de Estado (organização militar, instituições jurídicas e penais, segurança pública, saneamento básico, correios e telégrafos).

Champion, pesquisado por Kunsch (1989, p. 27), assim se manifesta: benefício mútuo (partidos políticos, sindicatos trabalhistas, associações fraternais, clubes, organizações de veteranos), negócios (firmas de reembolso postal, empresas industriais, bancos, companhias de seguros, lojas de atacado e varejo), serviços (órgãos de assistência social, hospitais, escolas, sociedades de auxílio jurídico, clínicas de saúde mental), bem-estar público (serviços de rendas internas, serviços militares, departamentos de polícia e bombeiros, guarda nacional).

Champion, baseando-se em Katz e Karin, citados por Kunsch (1989, p. 28), apresenta a classificação de organizações da seguinte forma: organizações produtivas ou econômicas (indústrias fabris, instalações de transporte, empresa de comunicação), organizações de manutenção (escolas e igrejas), organizações de adaptação (laboratórios de pesquisas, universidades), organizações gerenciais-políticas (órgãos do governo nacional, estadual e municipal, sindicatos trabalhistas, grupos de pessoas). Isso, em uma primeira ordem; em uma segunda ordem apresenta uma descrição mais minudente das organizações, como segue: natureza do processamento organizacional (distinção entre objetos e pessoas com o produto final do funcionamento organizacional), natureza dos processos de manutenção (distinção entre recompensas expressivas intrínsecas e instrumentais extrínsecas como meio de atrair e manter os membros na organização), natureza da estrutura burocrática (distinção em termos da permeabilidade das fronteiras organizacionais — facilidade de entrar e sair — e em termos de elaboração estrutural — grande especialização de papel e número de escalões), tipo de equilíbrio (distinção entre a tendência a um estado firme e a tendência à maximização do rendimento organizacional com a dinâmica organizacional predominante).

Para Kwasnicka (1981, p. 73), os principais tipos de organização, que abrangem todas as atividades possíveis de ser organizadas, são:

- Serviço: organizações que existem para servir pessoas que necessitam das atividades desenvolvidas por essas organizações, sem pagamento pelas assistências recebidas.
- Econômica: organizações que produzem e distribuem mercadorias e serviços por meio de alguma forma de pagamento.
- Religião: grupos que servem às necessidades espirituais de seus membros.
- Proteção: organizações cujo objetivo é proteger a população.
- Governamental: organização que tem a finalidade específica de governar uma unidade da população.

- Social: organizações que servem para atender às necessidades de seus membros de manter uma atividade social ou pertencer a um grupo social.

Podem as empresas também ser classificadas quanto às formas de propriedade. O termo "propriedade" significa, juridicamente, o direito legal de algo, ou o direito de possuir ou dispor de alguma coisa.

São formas de propriedade privada, segundo Kwasnicka (1981, p. 206): propriedade individual, associação, corporação e combinação de corporação e organização cooperativa.

Propriedade individual: quando a empresa é de porte pequeno, requer pouco capital e pode ser administrada por uma só pessoa.

Associação: neste caso, duas ou mais pessoas se associam com o fim de dirigir uma empresa. Este tipo oferece à empresa um capital maior e também um número maior de funcionários.

Organização cooperativa: apresenta alguns dos elementos de uma grande associação e muitas das características da sociedade anônima, apesar de ser bem diferente de ambas. Sua finalidade é abastecer os seus membros a preço de custo. Ela pode ser uma simples associação, com muitos sócios, ou uma organização semelhante a uma sociedade anônima. Os associados pagam cotas ou compram ações. Os estatutos é que determinam o número de ações que um membro pode adquirir e cada associado tem direito a um voto, independentemente do seu investimento; desse modo, torna-se impossível que uma pessoa ou um grupo tenha o domínio da empresa, como ocorre nas sociedades anônimas.

Corporação ou sociedade anônima: é formada por um número de acionistas — que são os proprietários —, de um conselho administrativo eleito para determinar a política e a direção dos assuntos da empresa e de um grupo de altos funcionários que a dirige ativamente. Os tipos de capital por ações são basicamente de dois tipos: ações ordinárias e preferenciais. As primeiras dependem do êxito da empresa e somente recebem dividendos a partir dos lucros que restam, quando as exigências dos credores são pagas, e depois possuidores de bônus e ações preferenciais. Apesar do risco, sua propriedade residual na empresa produz muitos lucros. No caso das ações preferenciais, seus possuidores podem ou não compartilhar do domínio e do êxito da empresa. Geralmente são pessoas que não querem participar ativamente dos assuntos da sociedade e preferem obter juros fixos para o seu investimento, em vez de aceitar o perigo de perdas com a esperança de obter maiores lucros.

Combinações das sociedades anônimas ou corporações: a fusão ocorre quando determinada sociedade adquire todo o ativo de outras sociedades ou forma uma nova sociedade combinando, em uma única, várias outras antes independentes.

Exemplo dessas combinações são os trustes e as companhias matrizes *(holdings).*

Formas de propriedade pública: os objetivos dos governos para a criação de empresas públicas são as necessidades e o bem-estar público, além da geração de empregos. Elas, na sua maioria, operam de maneira semelhante às empresas privadas.

Baseando-nos em autores conceituados, apresentamos um panorama geral de classificação das organizações. As nomenclaturas utilizadas são as mais diferentes; no entanto, as descrições são semelhantes. Para nosso trabalho, nos deteremos naquelas empresas que chamamos de privadas de porte médio e grande, que Etzioni trata como UTILITÁRIAS; Baus e Scott, como ORGANIZAÇÕES DE INTERESSES COMERCIAIS; Champion, como de NEGÓCIOS; Kwasnicka, como ECONÔMICA. Kunsch, que fez uma classificação quanto ao TAMANHO, ao ÂMBITO e à FORMA DE PROPRIEDADE, vem ao encontro daquilo que é proposto.

Estrutura

É na estrutura que ocorrem as relações funcionais e pessoais da empresa, podendo uma organização ser simples quando apresenta um número limitado de níveis hierárquicos, pouca especialização e a possibilidade de comunicação fácil e rápida entre todos os seus funcionários; e mais complexas quando há um elevado número de níveis hierárquicos, grande grau de especialidade e maior dificuldade de interação entre seus funcionários. Em ambos os casos há necessidade de uma organização racional e lógica e de uma representação gráfica.

Para elaborar uma estrutura empresarial, é preciso definir uma estratégia de ação, pelo fato de existirem diversas variáveis envolvidas. Lacava (1981, p. 174) diz:

> Uma estrutura é mais bem desenvolvida quando temos em mente um modelo hipotético de organização. As variáveis principais que envolvem a definição de uma estratégia são: estabelecimento de objetivos, referencial hierárquico e normas e programas de ação. A habilidade de uma organização utilizar com sucesso uma coordenação de objetivos, hierarquia e normas depende da combinação da freqüência da utilização dessas variáveis.

Para Jucius e Schlender (1971, p. 85),

A estrutura organizacional é o arcabouço invisível que, formal ou informalmente, estabelece o *status* e o desempenho de cada pessoa em relação a todas as demais pessoas do grupo. Ela especifica que indivíduos e que trabalho estão subordinados a que superiores. Ou sob o ponto de vista do superior, a estrutura organizacional especifica quem tem jurisdição sobre quem e para quê. Ela também define as relações interpessoais que existiriam entre os indivíduos e o trabalho nos vários níveis jurisdicionais e nas várias divisões.

Para que a estrutura seja delineada é preciso que um conjunto de aspectos seja definido, ensinam Vasconcelos e Hemsley (1986, p. 5), como mostra o gráfico a seguir.

As formas estruturais há muito usadas, chamadas de estruturas tradicionais, estão hoje, aos poucos, no Brasil, sendo substituídas pelas estruturas inovativas e matriciais.

Estruturas tradicionais

- **Estruturas de organização formal:** Neste tipo de estrutura fica claramente determinado quem é subordinado a quem em termos de autoridade, para que e por que, de três maneiras, assim chamadas: de linha, funcional e de linha-e-assessoria.

- **Estrutura de linha:** Nesta estrutura, cada executivo tem completa autoridade sobre seus subordinados, respondendo somente ao seu superior imediato. Não há, portanto, assessoria para apoiá-lo ou interferir na sua autoridade.

Esta forma de estrutura deixa a linha de comando bem clara, já que cada um presta contas a um superior. Isso gera compromisso com a responsabilidade e ausência de desentendimentos. Tem, contudo, também, desvantagens, já que o titular tem de ser capaz de resolver tudo que surgir no seu setor. Para isso, é preciso ser um *expert*, o que não é característica de todo executivo. Por outro lado, é a forma própria de organização para a empresa pequena, cujos problemas são relativamente simples.

- **Estrutura funcional:** Neste modelo ficam supridos os especialistas, que não existem na estrutura de linha. Nesse caso, cada especialista tem autoridade só sobre sua especialidade, porém seus subordinados respondem a vários especialistas. A grande vantagem da estrutura funcional está em sua especialização. Porém, ela leva os subordinados a não ter absoluta certeza a qual superior devam prestar contas, gerando, com isso, incertezas e ações retardadas. Há, ainda, uma evasão de responsabilidades. Por isso, não tem sido um tipo de estrutura muito usado.

- **Estrutura de linha-e-assessoria:** Há apenas uma prestação de contas na linha com serviço especializado por meio de assessoria. A assessoria determina as atividades que a linha pode aceitar ou não. A assessoria não tem autoridade própria para exigir que a linha aceite suas determinações. Este tipo de estrutura tem as vantagens da linha pura e da estrutura funcional pura: uma definição clara de comando são os setores especializados. As desvantagens desta estrutura estão no fato de o executivo de linha recusar a ouvir o pessoal da assessoria e este tentar impor suas determinações. Ainda assim, é considerada uma forma com menos desvantagens — daí ser mais utilizada.

Para Vasconcelos e Hemsley (1986, p. 21), as estruturas tradicionais apresentam as seguintes características:

Alto nível de formalização: a estrutura formal é explicitada em manuais de organização que descrevem os níveis de autoridade e responsabilidade dos vários departamentos, tendo a representação gráfica feita por meio do organograma.

Unidade de comando: este princípio é considerado de fundamental importância nas estruturas tradicionais. Cada chefe tem um grupo de subordinados sob sua autoridade. As solicitações feitas a subordinados de outros chefes deverão ser feitas por meio destes que, informados, decidem como alocar seus subordinados às várias tarefas de forma a melhor aproveitar suas capacitações.

Especialização elevada: as formas tradicionais de estrutura tendem a facilitar a especialização. As pessoas tendem a aprender bem suas tarefas e realizá-las de forma contínua, tornando-se cada vez mais conhecedores dos problemas que podem surgir, assim como das respectivas soluções.

Comunicação vertical: é à comunicação entre chefe e subordinados que as estruturas tradicionais dão ênfase. A chefia deve estar informada de tudo, evitando-se os mal-entendidos. Com isso, possibilita maior coordenação e reforça a autoridade da chefia.

Formas tradicionais de departamentalização: utilizam as estruturas de departamentalização convencionais, tais como: funcional, por processo, geográfica etc.

Autoridade, responsabilidade e divisão de trabalho

A estrutura organizacional define quem tem autoridade, quem é subordinado e qual a finalidade da relação. Portanto, na efetivação dessa relação há, necessariamente, autoridade, responsabilidade e divisão de trabalho.

Autoridade: é o direito de solicitar prestação de contas dos subordinados. Koontz e O'Donnel (s/d, p. 61) afirmam:

Embora o termo autoridade seja empregado de diversas maneiras por estudiosos de administração, a definição padrão é: o poder legal ou legítimo, ou o direito de comandar ou agir. Em relação à tarefa de administrar, autoridade é o poder de comandar outros para executar ou deixar de executar, maneira considerada pelo possuidor dessa autoridade como adequada para a realização dos objetivos da empresa ou do departamento.

Ainda, segundo Koontz e O'Donnel, (ibidem, p. 62),

[...] apesar da importância da autoridade, os administradores tendem a evitar o uso do termo, provavelmente por causa da sua sugestão de poder. [...] A autoridade emitida numa posição administrativa é o poder de usar discernimento, o poder de criar e manter um ambiente para o desempenho de indivíduos trabalhando em grupos. A verdadeira implicação desta capacidade de criar não é, então, o uso autocrático do poder.

Responsabilidade: trata-se das obrigações de cada indivíduo. Para Koontz e O'Donnel (ibidem, p. 67):

Do ponto de vista interno de uma empresa, a responsabilidade pode ser definida como a obrigação de um subordinado, ao qual um dever foi designado: de cumprir o dever. A essência da responsabilidade é, portanto, obrigação, e não tem significado senão quando se aplica a uma pessoa: um edifício, uma máquina ou um animal não podem tornar-se responsáveis por nada.

A responsabilidade é intransferível. Se os subordinados cometem falhas, serão punidos porque não cumpriram com a responsabilidade que deveriam ter, e a chefia desses também receberá sanções de seu superior imediato.

Divisão de trabalho: em qualquer empresa, independentemente do porte, tem de haver divisão na autoridade e responsabilidade, pela divisão de trabalho. Essa divisão com o fito de produzir eficácia e economia é chamada de departamentalização, à qual dedicaremos um capítulo na seqüência.

Departamentalização nas estruturas tradicionais

A formação de grupos especializados de pessoas que desenvolvem atividades homogêneas, colocados sob a supervisão de uma chefia, é a departamentalização. O que leva à departamentalização é o crescimento da empresa e, conseqüentemente, a sua ampliação administrativa.

Baseando-se nos autores clássicos da administração, autores contemporâneos assim se manifestam:

Para Robbins (1981, p. 224), existem seis bases para a departamentalização, que são: número simples, função, produtos ou serviços, clientes, geografia e processo.

Koontz e O'Donnel (s/d, p. 281) optam por: quantidade, função, território, produto, fregueses, processos ou equipamentos e combinada.

Lacava (1981, p. 180) defende a departamentalização por: função, produto, mercado, geografia, processo, e acrescenta a matricial.

Jucius e Schlender (1971, p. 228) argumentam sobre cinco bases para o agrupamento, com uma sexta: funções, produto, processo ou equipamento, geografia, clientes e uma combinação das bases mencionadas.

Chiavenato (1979, p. 118) informa que, de modo geral, os critérios de departamentalização mais indicados pelos autores anatomistas da teoria clássica são os seguintes: junções; por produto ou serviço; por localização geográfica; por clientes; por fases do processo ou processamento; por projetos; por tempo; por número; por ajustamento funcional.

Há vários critérios que podem ser utilizados para departamentalizar, afirmam Vasconcelos e Hemsley (1986, p. 9), sendo os mais tradicionais: funcional; geográfico; por clientes; por produtos; por período; pela amplitude de controle.

Na seqüência, com base em Vasconcelos e Hemsley, veremos em que consiste cada uma dessas formas tradicionais de departamentalização.

Funcional: todas as pessoas que utilizam o conhecimento de uma mesma área ficam juntas na mesma unidade. Esses conhecimentos podem ser sobre áreas gerenciais, como finanças, marketing, recursos humanos, ou sobre funções gerenciais de planejamento, controle etc. Essa forma de departamentalização pode, ainda, ser feita com base em conhecimentos das áreas tecnológicas: departamento de hidráulica, engenharia etc.;

ela permite uma especialização nas várias áreas técnicas, além de melhor utilizar os recursos humanos e materiais nessas áreas.

Geográfica: este tipo de departamentalização é usado quando a organização opera em áreas geográficas diferentes e tem a necessidade de tratá-las de forma diferenciada. Permite com isso conhecer melhor os problemas de cada área e, portanto, atender melhor suas necessidades.

Por processo: é uma forma de departamentalização normalmente utilizada no setor de produção, onde as atividades são agrupadas conforme as fases de um processo: unidades de fundição, usinagem, montagem, embalagem, pintura etc. Cada uma dessas unidades é um departamento que reúne todo o pessoal envolvido naquela fase específica do processo.

Por clientes: esta estrutura permite conhecer melhor as necessidades e o modo de tratar cada tipo de cliente e ainda especializar pessoas nesses conhecimentos. Portanto, quando a organização trabalha com diferentes tipos de clientes, exigindo tratamento especializado, a departamentalização por clientes é a solução.

Por produtos (ou serviços): quando existe uma grande diversificação de produtos ou serviços, essa departamentalização é a solução, pois agrupa na mesma unidade as pessoas que lidam com um mesmo produto ou linha de produtos. Assim, não só conhecerá bem os aspectos de fabricação do seu produto, mas também aqueles relacionados com a comercialização.

Por período: organizações que operam 24 horas por dia são obrigadas a criar unidades cuja única diferença é o período no qual suas equipes trabalham. A natureza da atividade permanece a mesma.

Por amplitude de controle: há casos em que o limite de comando da chefia determina a departamentalização. Nesse caso, as unidades são formadas levando-se em conta o número máximo de pessoas que o chefe coordena eficientemente.

No quadro comparativo nas páginas 58-59, Vasconcelos e Hemsley (1986, p. 15) apresentam um demonstrativo dos tipos tradicionais de departamentalização. Note-se que o mais comum é haver uma combinação de tipos, de acordo com as necessidades.

Estrutura de organização informal

Robbins (1981, p. 437-38) nos ensina que as pessoas participam das comunicações formais de acordo com os papéis que devem desempenhar em suas posições na organização. Além disso, todos os membros da organização participam também de comunicações informais que se originam espontaneamente fora dos canais formais e constituem respostas naturais à necessidade de interação social. A formação de "panelas" de comunicação e a transferência de informações por boato não podem ser eliminadas.

Para Gaudêncio Torquato Rego (1986, p. 63),

[...] os canais formais são os instrumentos oficiais, pelos quais passam todas as informações descendentes como ascendentes e que visam assegurar o funcionamento ordenado e eficiente da empresa (normas, relatórios, instruções, portarias, sugestões, reclamações etc.). Os meios informais são aqueles não planejados pela diretoria, que fogem do seu controle ou que ignoram, inclusive, a existência dos canais formais. À primeira vista, os contatos informais que os superiores mantêm com os subordinados podem ser enquadrados neste tipo de comunicação informal. Na realidade, não o são. Seriam até mais formais se um programa elaborado na empresa fornecesse a cada chefe uma lista mimeografada de seus subordinados, com os nomes daqueles com quem ele tivesse contato. Essa lista permitiria formalizar os encontros. As comunicações informais são todas as livres expressões e manifestações dos trabalhadores, não controladas pela administração. Caracterizam-se classicamente pela terrível rede de boatos, rede que não tem estrutura, que segue caminhos diferentes e que dá margem à criação de outras redes. Vence na rapidez com que dissemina as informações, a estática que caracteriza a rede formal de comunicação.

As relações informais, afirmam Jucius e Schlender (1971, p. 300),

[...] se originam de três razões básicas: primeiro, elas se originam para atingir objetivos do negócio, para os quais não foram providenciadas estruturas formais. Segundo, as relações informais se originam quando há forças e energias nas pessoas, além daquelas utilizadas pelas necessidades técnicas do negócio. A terceira explicação para a existência das relações informais se origina da segunda. As estruturas informais proporcionam saídas para a natureza completa do homem. Se as tendências gregárias dos empregados não são satisfeitas pelo cargo, elas serão até certo ponto satisfeitas informalmente.

Para Chiavenato (1979, p. 181), existem padrões de relações encontradas na empresa que não aparecem no organograma. Existem amizades e antagonismos, pessoas que se identificam e pessoas que se afastam e uma variedade de relações no trabalho ou fora dele que constituem a organização informal. A informalidade é extremamente diversa quanto à forma, ao conteúdo e à duração e demonstra que a organização social de uma empresa nem sempre corresponde ao seu organograma. Isso porque a organização formal atém-se às relações funcionais e às linhas lógicas de comunicação e coordenação horizontal e vertical. Mas o trabalho na empresa requer a interação entre as pessoas. Ela estabelece esse sistema de interação social, condição fundamental para a vida social dentro de uma organização, que é a sociabilidade humana. Sobre as origens da organização informal, Chiavenato (1979, p. 184), citando Robert Dubin, se refere a quatro fatores que condicionam o aparecimento dos chamados grupos informais:

Interesses comuns: desenvolvem-se nas pessoas que passam a se integrar. O tempo longo no local de trabalho propicia a identificação de interesses.

A interação provocada pela própria organização formal: o cargo exige uma série de contatos e relações formais a fim de cumprir sua função. Porém a inter-relação decorrente da própria função do cargo se prolonga além do trabalho, gerando contatos informais.

A flutuação do pessoal dentro da empresa: o *turnover,* a movimentação horizontal e vertical do pessoal, a transferência etc. provocam mudanças na estrutura informal.

Os períodos de lazer: os chamados "tempos livres" permitem uma intensa interação entre as pessoas, fortalecendo os vínculos.

A estrutura formal é aquela explicitada em manuais de organização que descrevem os níveis de autoridade e responsabilidade dos vários departamentos e seções. A representação gráfica da estrutura formal é feita por meio do organograma, afirmam Vasconcelos e Hemsley (1986, p. 6). Para eles, a escola clássica de Administração achava que as organizações operavam somente por meio da estrutura formal. Afirmam, entretanto, que vários fatores concorrem para tornar inviável esta premissa: é praticamente impossível elaborar um con-

Tipo de departamentalização	CONCEITO	EXEMPLO	CONDIÇÕES FAVORÁVEIS PARA UTILIZAÇÃO	VANTAGENS
FUNCIONAL	São agrupadas na mesma unidade pessoas que realizam atividades dentro de uma mesma área técnica	Depto. de Finanças Depto. de Marketing Depto. de Hidráulica Depto. de Planejamento Depto. de Organização e Métodos	Necessidade de especialização na área técnica Pouca variedade de produtos	Especialização na área técnica Utilização eficiente dos recursos em cada área técnica
GEOGRÁFICA	São agrupadas na mesma unidade pessoas que realizam atividades relacionadas com uma mesma área geográfica	Setor de Vendas para a Capital Setor de Vendas para a Zona Sul do Estado Setor de Vendas para a Zona Oeste do Estado	Elevada diferenciação entre as áreas geográficas exigindo tratamento especializado Áreas geográficas distantes entre si e a matriz Atividades nas áreas em volume suficiente para justificar a existência dos documentos Pouca flutuação nas atividades das áreas	Especialização na área geográfica permite lidar melhor com os problemas de cada área Elevada integração entre pessoas que lidam com a mesma área geográfica
POR PROCESSO	São agrupadas na mesma unidade pessoas que realizam atividades relacionadas com uma fase de um processo produtivo	Depto. de Fundição Depto. de Usinagem Depto. de Montagem Depto. de Pintura	Alta diferenciação entre as fases do processo. Necessidade de técnicas da mesma fase ficarem juntas para permitir ajuda mútua, troca de experiências e aprimoramento técnico	Especialização nas várias fases do processo Elevada integração entre pessoas que trabalham numa determinada fase

POR CLIENTES	São agrupadas numa unidade pessoas que estão relacionadas com o mesmo tipo de cliente	Depto. de Vendas para Clientes Industriais Depto. de Vendas para Empresas Governamentais Depto. de Vendas ao Consumidor	Elevada diferenciação entre clientes exigindo conhecimento especializado Atividades com cada tipo de cliente em volume suficiente para justificar a existência dos departamentos	Especialização no tratamento de cada tipo de cliente Elevada integração entre as pessoas que lidam com o mesmo tipo de cliente
POR PRODUTO	São agrupadas numa unidade pessoas relacionadas com o mesmo produto ou a mesma linha de produtos	Depto. de Carros de Passeio Depto. de Caminhões Depto. de Equipamentos	Elevada diferenciação entre os produtos Atividade com cada produto e volume suficiente para justificar a existência do departamento	Especialização nos diversos tipos de produtos Elevada integração entre as pessoas que lidam com um mesmo produto
POR PERÍODO	São agrupadas numa unidade pessoas que trabalham no mesmo período	Seção de destilação – período diurno Seção de destilação – período noturno	A mesma atividade é realizada por mais de um turno de trabalho	Nesse caso não cabe discutir vantagens desse tipo de departamentalização, visto que não há alternativa
POR AMPLITUDE DE CONTROLE	Agrupa-se na mesma unidade o número máximo de pessoas que o chefe pode supervisionar eficientemente. As demais formarão outra unidade e assim sucessivamente	Unidade de Corte I Unidade de Corte II Unidade de Corte III	Grande número de pessoas que realizam a mesma atividade. As unidades são constituídas considerando-se o limite além do qual a supervisão do chefe é impossível	Nesse caso não cabe discutir vantagens desse tipo de departamentalização, visto que não há alternativa

junto de normas que cubra todas as possíveis situações; há necessidade de soluções rápidas para responder às situações críticas.

Características do fator humano com respeito a liderança e objetivos pessoais influem de maneira intensa na operação da estrutura.

Assim, diferente daquela estabelecida, dando origem à estrutura informal. Quando funcionários de diferentes departamentos encontram-se socialmente, eles trocam informações sobre assuntos da empresa sem passar por meio dos canais formais de comunicação. Assim, a operação de uma organização acontece simultaneamente: estrutura real. Para cada organização, a composição da estrutura real, em termos de formal-informal, varia. Isto é, em certos casos a operação é realizada muito mais com base no manual de normas e em outros, com base na improvisação e interação pessoal.

Com as colocações feitas pelos autores pesquisados, fica claro que não é só por meio das estruturas formais que acontecem as linhas de autoridade, responsabilidade e comunicação. Elas passam também na organização informal das estruturas empresariais.

É ainda possível concluir que o conteúdo dessa comunicação informal é de assuntos ligados à própria empresa, e também de particularidades da vida dos envolvidos.

Essa comunicação informal não deve ser combatida, mas administrada pelo profissional de Relações Públicas, pois funciona como termômetro para a empresa detectar a satisfação ou insatisfação desse público tão importante para a formação do conceito empresarial.

Além disso, poder-se-ão também detectar os líderes da comunidade empresarial e, em momentos estratégicos, utili-

Estruturas inovativas

Devido ao fracasso das estruturas tradicionais em lidar com certas condições especiais, novas formas de organizar foram idealizadas, às quais se atribuiu a denominação "inovativas", afirmam Vasconcelos e Hemsle (1986, p. 19). Para eles, as estruturas tradicionais em muitos casos não resistiram ao impacto das mudanças ocorridas nas últimas décadas. O ambiente organizacional tornou-se mais complexo. São características das estruturas inovativas, segundo esses autores (ibidem, p. 27):

Baixo nível de formalização: na estrutura tradicional, devido à repetitividade e estabilidade com que opera, podem-se detalhar as atividades de cada função especificando os níveis de autoridade para exercê-la. Na estrutura inovativa, na qual o ambiente dinâmico traz tantos aspectos novos, isso se torna negativo, tirando a flexibilidade das ações do gerente. Dessa maneira, as organizações inovativas tendem a um nível baixo de formalização.

Utilização de formas avançadas de departamentalização: alternativas de estruturas foram a solução para problemas causados pelas estruturas tradicionais diante do ambiente em mudanças. Entre elas: departamentalização por centros de lucro, por projetos, matricial, celular e novos empreendimentos.

Multiplicidade de comando: nos vários tipos de departamentalização voltados para a inovação é impossível a manutenção de princípios da unidade de comando adotada pelas estruturas tradicionais. Há tipos de departamentalização, como a matricial, em que há dupla ou múltipla subordinação. Um profissional trabalha ao mesmo tempo em dois ou mais projetos, ficando subordinado aos seus respectivos gerentes, mas vinculado à sua área técnica e subordinado à chefia dessa área.

Diversificação elevada: nas estruturas tradicionais, a repetitividade e o ambiente estável permitem alto nível de especialização, o que não é viável nas estruturas inovadoras. O elevado índice de mudança dificulta a especialização. É, portanto, adequado para uma estrutura inovadora o profissional que conhece um número maior de áreas técnicas, embora não seja tão especializado em cada uma.

Comunicação horizontal e diagonal: a comunicação sempre acompanha a cadeia de comando na estrutura tradicional. Portanto, se um especialista precisa comunicar-se com outro de outra área, deve fazê-lo por meio da sua chefia. Em ambiente dinâmico, este processo pode levar a organização ao fracasso porque: as comunicações são mais freqüentes, sobrecarregando a alta administração; há aumento do nível de distorção, de acordo com o tamanho da organização, devido ao número de níveis pelos quais tem de passar; ocorre demora para completar a comunicação em função do porte da organização. Por isso, estruturas inovativas tendem a se utilizar da comunicação horizontal, em que os especialistas de áreas diferentes discutem problemas sem que a comunicação passe pelos níveis hierárquicos superiores. Na comunicação diagonal, o especialista comunica-se diretamente com um gerente de outra área, que pode ter nível hierárquico superior ao dele e mesmo ao de seu próprio chefe. O quadro a seguir, elaborado por Vasconcelos e Hemsley (1986, p. 29), estabelece comparação entre organizações tradicionais e inovativas quanto às características.

Tipos de organização/ Características estruturais	Estruturas tradicionais	Estruturas inovativas
Formalização	Elevada. Autoridade e responsabilidade bem definidas Organogramas e manuais de procedimentos	Baixa. Dinamismo do ambiente impede muita formalização
Departamentalização	Critérios tradicionais: funcional, por processo, por cliente, geográfica e por produto	Por projeto, matricial, por centros de lucro, celular e "novos empreendimentos"
Unidade de comando	Princípio da unidade de comando é obedecido	Unidade de comando não é necessariamente obedecida
Especialização	Relativamente mais elevada	Relativamente baixa
Padrão de comunicação	Vertical	Vertical, horizontal e diagonal

Departamentalização nas novas estruturas

Os estudos apresentados por Vasconcelos e Hemsley (ibidem, p. 23) indicam os seguintes tipos de departamentalização nas estruturas inovativas:

Por centro de lucro: este tipo divide a empresa em "centros de lucro", unidades com elevado grau de autonomia, cujos responsáveis agem como se fossem presidentes de empresas isoladas. Não é, porém, uma descentralização total, pois o sistema financeiro, as decisões estratégicas e as políticas físicas permanecem centralizadas.

No início do período o "centro de lucros", chamado também de divisão, recebe metas pela alta administração em termos de expansão e contribuição ao lucro da corporação. Cabe a cada dirigente, dentro dos recursos disponíveis, procurar atingir essas metas. Ao final do período ele será avaliado pelos seus resultados. A segmentação é feita, com freqüência, em termos de produto, mas o conceito também é válido para outros critérios tradicionais. Esta departamentalização se presta muito bem a grandes conglomerados, envolvidos em linhas de atividades de natureza diversificada.

Por projetos: as pessoas são agrupadas utilizando-se como critério o projeto no qual estão envolvidas naquele determinado momento. Cada projeto é como se fosse um "departamento temporário", cuja chefia é do gerente de projeto. Sua equipe é a equipe do projeto e existe enquanto o projeto não termina. É comum um especialista trabalhar em dois ou mais projetos simultaneamente, prestando serviços dentro da sua especialidade. É uma estrutura flexível e de alta eficácia quanto a respostas às mudanças ambientais. Uma nova necessidade é imediatamente transformada em um projeto por meio da rápida formação de uma equipe.

Matricial: é a utilização simultânea de dois ou mais tipos de departamentalização sobre o mesmo grupo de pessoas. Há uma grande variedade de estruturas matriciais, dependendo da dosagem com que cada tipo participa nessa combinação. A balanceada é aquela em que a dosagem das estruturas que a forma é mais ou menos igual. Outras variações dão origem à matricial funcional, matricial projetos e outras, mais complexas.

Estrutura celular: é uma forma só viável em organizações pequenas, com clima humano favorável devido à quase total ausência de estrutura, alta flexibilidade e elevada informalidade.

Estrutura para novos empreendimentos: o grupo de novos empreendimentos passa a se preocupar com a próxima inovação assim que a inovação for aceita e a nova fábrica estiver em operação, pois o empreendimento passa para a área operacional.

Para Kwasnicka, (1981, p. 182), a organização matricial é o resultado da fusão de duas organizações complementares: por projeto e funcional. É muito útil quando há necessidade de planejar, coordenar, monitorar e controlar trabalhos complexos e multidimensionais, como para produzir grandes projetos com custos desejados, programas e padrões de desempenho. Acrescenta a autora que "o conceito básico de organização por matriz é atingir o objetivo proposto mantendo um balanceamento ou controle de conflitos entre os grupos de administradores que têm a responsabilidade específica de um projeto, produto ou programa e outro grupo de executivos que têm responsabilidade específica funcional".

As transformações nas organizações

São diversas as transformações pelas quais vem passando a vida empresarial. E, por ela constituir um conjunto integrado, há interferências mútuas em seus diversos setores.

Essas transformações podem ser assim identificadas: terceirização, cultura empresarial japonesa, cultura organizacional, meio ambiente, consumidor respaldado pelo Código de Defesa do Consumidor, competição no mundo globalizado, novas tecnologias, mulheres nas chefias, privatizações, responsabilidade social e comunicação eletrônica.

Kloter (2000, p. 18) menciona a transição das empresas comerciais:

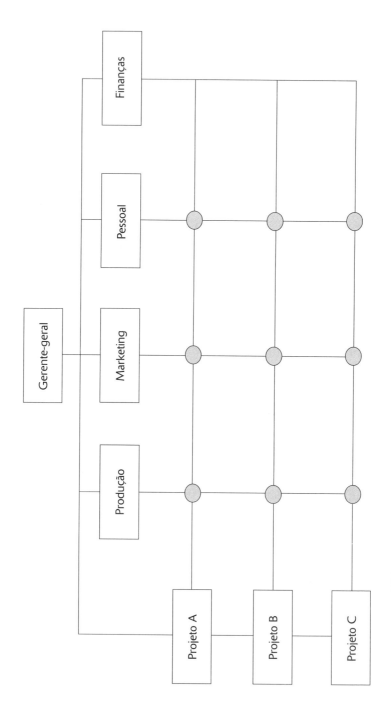

Vários grupos envolvidos nos projetos segundo as necessidades do projeto. Estrutura matricial.

Comunicação dirigida escrita na empresa

ANTES	DEPOIS
Faz tudo na própria empresa	Compra mais de fora (terceirização)
Melhora por si mesma	Melhora por comparação com concorrentes
Vai adiante sozinha	Colabora em rede com outras empresas
Opera com departamento dividido para funções	Gerencia processos de negócios com equipes multidisciplinares
Foco doméstico	Foco global e local
Voltada para o produto	Voltada para o mercado e o cliente
Produtos padronizados	Produtos adaptados e/ou personalizados
Prática de marketing de massa	Prática de marketing direcionado
Foco no produto	Foco na cadeia de valor
Encontra uma vantagem competitiva sustentável	Continua inventando vantagens
Desenvolve novos produtos cuidadosamente	Acelera o ciclo de desenvolvimento de novos produtos
Utiliza muitos fornecedores	Utiliza poucos fornecedores
Gerencia de cima para baixo	Gerencia para cima, para baixo e transversal
Opera no mercado físico	Opera também no mercado virtual

Terceirização

Adotada atualmente em larga escala no Brasil, vem alterar a estrutura das organizações à medida que transfere para "terceiros" algumas de suas atividades. Como o próprio nome indica, terceirizar é transferir a "terceiros" atividades que até então eram desenvolvidas dentro do seu espaço físico, e, portanto, parte de sua estrutura.

Para Queiroz (1992, p. 11),

A terceirização, sem sombra de dúvida, vai comandar as atividades empresariais, no Brasil, nesta década. Com ela surge um novo horizonte empresarial, no qual as grandes corporações se tornam mais magras, ágeis e deslocam sua energia e seus investimentos para aprimoramento e desenvolvimento das suas atividades fim, ou seja, dos seus produtos, que passam a ser mais competitivos, ganhando qualidade e preços que vêm ao encontro das ansiedades e interesses do mercado.

Por outro lado, a terceirização incentiva o surgimento de micros e médias empresas e o trabalho autônomo, possibilitando a melhoria nas empresas contratantes representadas por especialidade, qualidade e eficiência. Não representa a perda de poder nem o controle da gestão empresarial, considerando que se opta pela terceirização.

São conseqüências positivas da terceirização, segundo Queiroz (ibidem, p. 21):

- gera a desburocratização;
- alivia a estrutura organizacional;
- proporciona melhor qualidade na prestação de serviços, contribuindo para a melhoria do produto final;
- traz mais especialização na prestação de serviços;
- proporciona maior eficácia empresarial;
- aumenta a flexibilidade nas empresas;
- proporciona mais agilidade decisória e administrativa;
- simplifica a organização;
- incrementa a produtividade.

Tem como uma das suas conseqüências a economia de recursos humanos, materiais, instrumental, equipamentos, bem como de recursos econômicos e financeiros.

Surgimento

Ocorreu com a II Guerra Mundial, quando os americanos, diante da necessidade de combater nazistas e japoneses, sentiram a necessidade de proceder à grande e rápida produção de armamentos e descobriram que algumas atividades poderiam ser passadas a prestadores de serviços.

Isso foi apenas o começo. Depois, houve a evolução dessa forma de administrar, que chegou gradativamente ao Brasil, trazida por empresas multinacionais, cuja finalidade era apenas reduzir custos de mão-de-obra, sem pensar em ganhos de qualidade, eficiência, especialização e atendimento às exigências do consumidor. Até mesmo a nomenclatura "terceirização" é recente, pois era conhecida como "contratação de serviços de terceiros".

Tipos de terceirização

São várias as formas de terceirizar. Embora todas signifiquem trabalhar em parceria, existem diferenças entre elas.

- franquia: é a concessão a terceiros de uma marca, mediante normas preestabelecidas;
- aquisição: consiste na aquisição de matéria-prima de terceiros para a fabricação de produtos. É a forma mais utilizada pelas empresas e a mais simples;
- compra de serviços: é a prestação de serviços de manipulação de matérias com especificações técnicas;
- representações: consiste na contratação de profissionais especializados para atuar com seus prepostos no mercado;
- concessão: é a atuação de uma empresa em nome de outra, que cede sua marca, sob condições para comercializar os seus produtos;

- locação de mão-de-obra: é a utilização do trabalho temporário;
- prestação de serviços: é o trabalho executado por terceiros no local do contratador ou onde for determinado.

Queiroz (1992, p. 29) cita um exemplo que ilustra muito bem a terceirização:

> Uma empresa que produz gêneros alimentícios, porque deve também aplicar os seus recursos nas atividades de suporte, tais como: os serviços de limpeza e conservação, os refeitórios para os seus empregados, segurança patrimonial, digitação, processamento de dados, serviço médico, serviços jurídicos, manutenção geral, distribuição interna de correspondência ou até a sua administração de recursos humanos. O seu produto-fim é um determinado produto comestível. Neste caso, o mais lógico e ainda estratégico será terceirizar todas as atividades-meio, que são acessórios da sua atividade-fim.

O autor apresenta o desemprego como um dos fatores que podem comprometer a terceirização, afirmando que poderá haver negociação entre o tomador e o prestador de serviços para que este absorva a mão-de-obra colocada à disposição. Acreditamos que nem sempre seja possível absorver toda a mão-de-obra que é demitida do tomador.

De acordo com esse autor, os setores terceirizados na empresa são: prensas pequenas, montagem de bancos, tapeçaria, escapamentos, montagem de pneus, conjuntos frontais, portas e painéis, sistemas de exaustão e ventilação, componentes plásticos injetados, rodas, chicotes e tanques de combustível. Isso tudo foi objeto de discussão no I Seminário sobre Terceirização, além de outros estudos que comprovam ser

Comunicação dirigida escrita na empresa

irreversível a tendência das empresas de passarem determinados serviços ou mesmo setores produtivos para terceiros.

Em um universo de 96 empresas pesquisadas pela Coopers e Lybrand, 76% reduziram o efetivo, 29% reduziram custos e 27% apontaram aumento de eficiência. No caso do setor de Relações Públicas, esses funcionários poderão ser absorvidos na terceirização, até mesmo, eles próprios, criando uma assessoria externa que poderá prestar serviços à própria demitidora.

É importante destacar que, na fase em que estas empresas estão terceirizando, os públicos interno, externo e misto devem ser informados e preparados para a mudança. Somente um trabalho planejado de comunicação poderá preservar o conceito da empresa perante a opinião pública.

Em todas as fases do processo de terceirização apresentadas por Queiroz (ibidem, p. 61) podemos notar a importância da contribuição do setor de comunicação para a sua efetivação. São elas:

Planejamento: análise e identificação das áreas terceirizáveis; formação do perfil do terceiro e definição de qualidade e especialidade; organograma do projeto de terceirização.

Decisão: análise de informações obtidas na fase do planejamento; comparação entre os dados da gestão própria e os das propostas apresentadas; definição das áreas terceirizáveis.

Ação: preparação do público interno; pré-qualificação das empresas prestadoras de serviços; determinação do tipo do contrato e finalização do processo de contratação.

Avaliação: acompanhamento da execução dos serviços: auditoria dos aspectos técnicos da qualidade, trabalhista e administrativo; correção de contratos com o prestador para ajustar eventuais desvios e corrigir os problemas; realimentação do prestador dos resultados da avaliação.

Cultura empresarial japonesa

A empresa brasileira também incorporou em sua estrutura a cultura empresarial japonesa, provocando transformações com longa fase de adaptação.

Sistema *kanban*-Mips

O milagre japonês não tem nada de sobrenatural, afirma Ribeiro (1989, p. 10). O que existe é uma atitude dirigida ao homem, procurando aprimorar suas habilidades e por meio delas partir para programas mais amplos de otimização da produtividade. Foi mediante essa reversão conceitual, definindo o homem como ponto-chave, em vez da máquina, que os japoneses conseguiram se impor dentro da comunidade industrial, tornando-se respeitados como fabricantes de produtos de alta tecnologia, elevada escala de produção e baixo custo.

O sistema japonês mais conhecido é o "sistema de produção Toyota", também chamado de sistema *kanban* (genérico), técnica originalmente desenvolvida na Toyota Motor Company nos últimos 25 anos, e gradativamente adotada por suas subsidiárias. Posteriormente, serviu de subsídio para programas semelhantes em muitas empresas industriais no Japão.

Segundo Ribeiro (ibidem, p. 11),

[...] existem duas características distintas no sistema *kanban*. Uma é a produção *just in time*, na qual somente os produtos necessários, no momento certo, nas quantidades requeridas, devem ser produzidos, mantendo os estoques em níveis mínimos. A outra, *jidoka*, visa obter a plena utilização dos recursos humanos, por meio da exploração de sua capacidade, estimulando participação ativa na produção, melhoria da produtividade e das condições gerais de trabalho. A conseqüência do envolvimento dos trabalhadores nas soluções de problemas ampliou suas habilidades e aumentou a motivação. O que levou os japoneses a implantarem esse sistema foi: a inexistência de recursos naturais, gerando uma atitude voltada ao combate do desperdício; o elevado grau de conscientização do operário japonês com relação à importância da empresa onde trabalha e a retribuição por parte desta, repartindo lucros obtidos com seus empregados.

Foi observado também que, na fabricação, o desperdício se apresentava em sete diferentes formas, diz Ribeiro (ibidem, p. 12): "pelo excesso de produção, pelo tempo ocioso, pela fabricação indevida, pelo transporte, pela produção rejeitada, pelas atividades improdutivas e pelo estoque".

No sistema de produção convencional, o mais importante fator condicionante dos estoques elevados é aquele proveniente da descoordenação entre os sucessivos estágios de fabricação. A excessiva interdependência e liberdade incentivam melhorias da eficiência por setor, isoladamente. Este sistema contribui para o aumento dos inventários, considerando-se que devem suprir as deficiências na flutuação da demanda, ocasionada por problemas de produção, falhas de qualidade e quebras de equipamentos.

Em oposição, o estoque no sistema *kanban* da Toyota foi referenciado como uma coleção de problemas e ineficiências. Neste caso, os estoques são considerados responsáveis pelo desbalanceamento entre as diversas operações do processo de produção, provocando excesso de máquinas e de mão-de-obra. Deste modo, os inventários e os estoques resultantes do excesso de produção foram reconhecidos como as piores causas do desperdício, uma vez que contribuem para encobrir suas diferentes configurações. Respaldando-nos em Ribeiro, podemos dizer que no sistema *just in time* são atendidos os seguintes pontos:

- produção gerada após o consumo, na hora certa e em quantidades necessárias;
- produção pequena e acelerada, evitando acúmulos de estoque;
- balanceamento da produção nos setores de montagem, objetivando o nivelamento das áreas de fabricação.

No sistema *jidoka* ou de automação humanizada, há plena utilização dos recursos humanos; o equipamento opera automaticamente e julga a sua performance. Este tem como objetivos: evitar o excesso de produção (só o necessário); prevenir a produção defeituosa; facilitar a identificação das anormalidades.

Nesse sistema, é fácil reconhecer que haverá redução no quadro de pessoal da empresa. No Japão, porém, por força da estabilidade no emprego, os funcionários disponíveis são remanejados para outras atividades. Por outro lado, este sistema garante o crescimento e o lucro, para a empresa, que sustentam a estabilidade. A garantia do emprego está na empresa produtiva. Espelhando-se na experiência da Toyota, a Mitsubishi desenvolveu o Mips (*Minimized Inventory Production System*) ou Mínimo Inventário em Processo.

Para Ribeiro (1989, p. 14), é importante frisar que o Mips é constituído de alguns conceitos frontalmente contrários à abordagem tradicional empregada na área industrial. Não visa obter resultados em determinado período. É um sistema de melhoria da produtividade e redução dos estoques. À me-

Comunicação dirigida escrita na empresa

dida que vai sendo absorvido na cultura da organização e os resultados são obtidos, novos objetivos são estabelecidos.

São conceitos básicos do Mips*:

- limpeza e arrumação;
- máquinas em disponibilidade;
- círculo de controle de qualidade.

São funções do Mips:

- troca rápida de ferramenta;
- operador polivalente;
- automação de baixo custo;
- produção em lotes pequenos;
- *kanban* — no sentido restrito: cartão.

Em linhas gerais, temos aqui uma idéia do que é a cultura empresarial japonesa.

No Brasil, as empresas que estão implantando a cultura empresarial japonesa têm dado mais ênfase ao item controle de qualidade, pois, pela concorrência existente com produtos internos e externos, se vêem numa situação de aprimorar para não fechar.

É preciso ganhar dos concorrentes, inovando, melhorando a qualidade dos produtos, eliminando desperdícios e sabendo comprar, produzir e vender. É necessário implantar as normas dos Sistemas ISO para formar uma empresa competitiva.

Para ser competitiva, a empresa precisa, portanto, de qualidade, velocidade e tecnologia; porém, para sustentar tu-

---

* Informações mais detalhadas podem ser vistas em Paulo Décio Ribeiro (*Kanban*, 1989).

do isso, é preciso também recursos humanos. É preciso investir no homem, preparando-o para mudanças e adaptação à nova realidade para chegar à excelência. Para que todo esse sistema funcione, é imprescindível uma política de comunicação que seja integrada com todos os setores da empresa. Afinal, hoje, a empresa trabalha para dar ao cliente, seja ele interno, externo ou misto, o que ele quer. Há, portanto, que se produzir em sintonia.

CULTURA ORGANIZACIONAL

A cultura organizacional é representada pelo comportamento externado com base em normas e valores que são criados, cultivados, desenvolvidos e transmitidos aos novos membros que chegam para fazer parte do organograma.

Schein, citado por Fleury e Fischer (1996, p. 20), diz:

> Cultura organizacional é o conjunto de pressupostos básicos que um grupo inventou, descobriu ou desenvolveu ao aprender como lidar com os problemas de adaptação externa e integração interna e que funcionaram bem o suficiente para serem considerados válidos e ensinados a novos membros como a forma correta de perceber, pensar e sentir, em relação a esses problemas.

Continuando, Schein (ibidem) afirma que, se a organização como um todo vivenciar experiências comuns, pode existir uma forte cultura organizacional que prevaleça sobre as várias subculturas das unidades. O que se observa freqüentemente é que os grupos com *background* ocupacional semelhante tendem a desenvolver culturas próprias no interior das organizações: a cultura dos gerentes, dos engenheiros, do sindicato. Acredita, porém, que a maior importância deve ser atribuída ao papel dos fundadores da organização no processo de moldar seus padrões culturais. Para desvendar a cultura de uma organização, Fleury e Fisher (ibidem, p. 26) consideram importante observar:

- o histórico das organizações;
- o processo de socialização de novos membros;
- as políticas de recursos humanos;
- o processo de comunicação;
- a organização do processo de trabalho;
- as técnicas de investigação.

Capriotti (1999, p. 20), conceituado pesquisador espanhol, dá sua contribuição informando sobre as influências sobre a cultura das organizações, citando:

- a personalidade e normas do fundador;
- a personalidade e normas de pessoas-chave;
- a evolução histórica da organização;
- os êxitos e fracassos da organização;
- a personalidade dos indivíduos;
- a influência social.

As afirmações trazidas pelos autores citados são de grande importância para a análise de qualquer cultura organizacional, porém nos dias de hoje, com tantas e significativas mudanças mundiais acontecendo, é importante mencionar as interferências e mudanças que são provocadas nessa cultura.

São influências internas e externas que provocam alterações na cultura organizacional, e podem-se identificar essas interferências citando alguns exemplos:

- modificações no ambiente físico;
- aproximação da cúpula da base;
- preocupação com o bem-estar do público interno;
- automação;
- preferência do generalista pelo especialista;
- força sindical;
- relação capital × trabalho;
- terceirização;
- presença feminina nas chefias;
- resistência à presença feminina no poder decisório;
- crises financeiras;
- retração ou expansão;
- movimentos sociais;
- ação do Estado;
- mudanças tecnológicas;
- exigências do meio ambiente;
- despertar da consciência de responsabilidade social.

Todas essas situações geram conflito, levando a organização a um novo paradigma cultural.

Diante dessa nova situação apresentada nas organizações, o setor de Relações Públicas/Comunicação adquire um novo perfil visando intervir para administrar as controvérsias, abrindo canais de comunicação com todos os públicos.

Mencionando a importância da comunicação, Fleury e Fischer (1996, p. 24) afirmam que a comunicação constitui um dos elementos essenciais no processo de criação, transmissão e cristalização do universo simbólico de uma organização.

O mapeamento do sistema de comunicações, sistema este pensado tanto como meios, instrumentos, veículos e como a relação entre quem se comunica, é fundamental para a apreensão deste universo simbólico.

Entre os meios de comunicação, é preciso identificar tanto os meios formais orais e escritos como os informais, como por exemplo a rádio interna de fábrica — a "rádio peão". O mapeamento dos meios possibilita o desvendar das relações entre categorias, grupos e áreas da organização.

Em um estudo de caso realizado, mencionam Fleury e Fischer (ibidem, p. 24), foi possível observar como os elementos constitutivos do tecido simbólico, as histórias, os mitos, os heróis, são veiculados pelos meios de comunicação oral e em certos momentos apropriados pelos veículos oficiais como o jornal da empresa.

Os modelos mais modernos de gestão da força do trabalho pressupõem a introdução de novos canais de comunicação entre empresa e empregado, como os comitês de representante de empregados, os esquemas "portas abertas" ou "fale francamente". São tentativas de melhorar os sistemas de comunicação nas duas mãos: levando mais informações aos empregados e recebendo suas opiniões, sugestões e reivindicações, reforçando ou em certos casos procurando modificar padrões culturais.

Corrado (1994, p. 19) informa que nos anos 1980 a mensagem era: temos uma boa empresa, somos rentáveis, mas o ambiente está mudando, portanto precisamos mudar. Hoje, já que a concorrência vem se tornando mais global, o único meio de mudar a cultura é, literalmente, reinventar a empresa.

MEIO AMBIENTE

A responsabilidade das organizações com relação ao meio ambiente está surgindo em todo o planeta, ultrapassa as fronteiras geográficas e culturais, tem dimensão internacional e é vigiada por grupos ativistas, agora com base na Lei de Crimes Ambientais, aprovada em março de 2000.

A degradação do meio ambiente é antiga, mas se avolumou com as grandes concentrações urbanas para as quais os planejamentos das cidades não foram adequados, gerando falta de infra-estrutura, saneamento e, conseqüentemente, pobreza, poluição e epidemias.

Os recursos hídricos afetados atingem diretamente o ser humano ao comprometerem o consumo de água e suas conseqüências.

Fortes (1998, p. 158) diz:

> Mesmo que se abandone a visão poética do equilíbrio imutável do ecossistema, existe da parte das pessoas um interesse profundo e muita sensibilidade a respeito da poluição das águas e do ar, da destinação do lixo, da depredação das reservas naturais e do derramamento de petróleo nos oceanos. Esse interesse é demonstrado pelo respaldo que é dado aos ativistas da conservação.

Como, hoje, governantes, empresários, organizações em geral estão conscientes de que a natureza é fonte esgotável, o meio ambiente está na pauta das suas preocupações.

Motta (1997, p. 25) escreve:

> Se os valores sobre o meio ambiente contaminarem a sociedade e as empresas, todas as transformações comerciais, industriais e normas governamentais serão afetadas. Cada vez mais as empresas responderão às demandas comunitárias sobre a preservação do meio ambiente e se responsabilizarão legalmente por obrigações ecológicas. Governos, empresas e instituições comunitárias imporão condições de natureza ecológica

sobre suas próprias transações. No futuro, a própria comunidade não deixará as empresas tão livres para tomar decisões sobre produtos, qualidade e competição: seus impactos ambientais sempre serão questionados. O meio ambiente envolve o coletivo e desperta a comunidade para participar.

A busca do lucro a qualquer custo pelas organizações terá de ser detida; deverá haver a conscientização de que lucro e preservação do meio ambiente não são incompatíveis, e que auto-sustentação é suprir as necessidades desta geração, mas garantir a sobrevivência das próximas.

Por outro lado, Motta (ibidem, p. 161) faz o seguinte alerta:

A proteção ambiental como valor social, além de imposições legais no estilo protecionista, trará à sociedade custos sociais. A empresa existe para produzir bens e serviços, manter e fazer crescer o seu patrimônio a longo prazo. Para tanto, enfrenta competição internacional e condições variadas de sobrevivência e adaptação ao ambiente. Por exemplo, empresas industriais poluem mais do que as comerciais, e algumas regiões dependem de produtos e matérias-primas mais danosas ao ambiente. Se o propósito não é extinguir a empresa por poluente e sim a proteção ecológica, alguns desses custos terão de ser assumidos socialmente. Não se pode atribuir a um mesmo produto ou empresa todos os custos de proteção ambiental sem prejudicar a sua sobrevivência. O valor da proteção ambiental é o valor da interdependência e da responsabilidade solidária. A qualidade do ambiente será um valor supremo ao qual todos se submeterão. Liberdade e igualdade serão tão importantes quanto preservar o planeta.

Fortes (ibidem, p. 59) acrescenta:

A problemática do meio ambiente é um assunto controverso. Cabe às Relações Públicas, marcadamente nas indústrias, iniciarem suas práticas pela revisão dos processos produtivos, verificarem os graus de ataque à natureza e proporem medidas para tirar definitivamente de linha os que comprometem o ecossistema. Numa segunda etapa, o novo "padrão" será comunicado aos empregados e à comunidade vizinha, em uma demonstração de boa vontade e de antecipação dos acontecimentos que certamente representaria, no futuro, fontes de discórdia. O "padrão" instaurado recomenda, também, um fluxo contínuo de informações aos públicos restantes, previstos no portfólio, para embasar a formação da opinião dos públicos e, conseqüentemente, da opinião pública.

O meio ambiente tem hoje discussão globalizada e vigilância por parte dos ambientalistas. É, portanto, situação nova para as organizações, que passam a incorporar às suas estratégias novas ações para atuar em questões de lixo tóxico, reciclagem, poluição, chuva ácida, desenvolvimento sustentável etc., visando manter o seu conceito/imagem perante seus públicos.

CONSUMIDOR RESPALDADO PELO CÓDIGO DE DEFESA

O consumidor nunca foi muito respeitado pelas organizações em geral, até que seu Código de Defesa fosse aprovado e lhe desse a oportunidade de pelo menos poder reivindicar seus direitos.

Essa nova situação que se estabeleceu para as organizações fez que significativas medidas fossem tomadas.

A principal delas foi a criação do SAC (Serviço de Atendimento ao Consumidor), que tem por objetivo, antes de ser um administrador de controvérsias, ser aquele que informa, esclarece e orienta para evitar que se chegue à controvérsia. Com a implantação do setor, que tem também a finalidade de administrar questões que venham a surgir entre a organização e o consumidor, na realidade se antecipam para encontrar uma solução para o conflito, antes que esse consumidor recorra aos órgãos oficiais de defesa do consumidor. Até porque, com o Código em vigência, as sanções vão muito além de pesadas multas — chegam até mesmo à prisão. Há aquelas organizações que optaram por criar a figura do *ombudsman*, que tem como uma de suas funções implantar um canal de comunicação com o consumidor.

Por ocasião do Plano Cruzado (1986), quatro anos antes da aprovação do Código de Defesa do Consumidor (1990), foi feita uma pesquisa que revelou a razão dos principais conflitos entre empresa e consumidor, a saber:

- venda de bens e serviços com vícios e/ou preços injustos;
- mau atendimento por parte da empresa ao consumidor reivindicante, principalmente se o bem adquirido não estava mais na garantia;
- falta de solução para as reivindicações dos consumidores, originadas pelo fato de estes sentirem-se lesados ao adquirir bem e serviços.

Naquela oportunidade, informou-se que esses conflitos poderiam ser evitados com um programa de Relações Públicas que atendesse aos seguintes aspectos:

Divulgar a empresa entre os consumidores: é necessário que a empresa conquiste a compreensão do consumidor. Para isso, ele terá de conhecê-la, pois ninguém confia naquilo que não conhece. Fazendo uso dos meios de comunicação de massa e dirigida, o setor de Relações Públicas poderá divulgar a empresa mediante seu histórico, produtos ou serviços.

Abrir a empresa para programa de visitas: a empresa, dependendo de suas características e de seu ramo de atividade, tem condições de ser aberta para programas de visitas entre os seus públicos interno, externo e misto, que é onde estão os seus consumidores.

Responder a todas as perguntas dos consumidores: criando um setor especializado nessa finalidade, cujo atendimento poderá ser por telefone, carta ou fax, como já ocorre com empresas que possuem SACs (na época, o correio eletrônico estava em seus primórdios e ainda não era acessível ao grande público).

Oferecer produtos honestos a preços justos: os bens e serviços honestos a preços justos tornarão o consumidor um eterno comprador de determinada marca: se o comportamento da empresa for outro, ele comprará apenas uma vez. O consumidor que confia em determinado bem ou serviço passará a adquiri-lo sempre do mesmo vendedor. À medida que a empresa diversificar sua atividade, o consumidor continuará fiel a ela, pois passa a ganhar sua confiança e, quando isso ocorre, é o que decide a compra.

Veicular propagandas honestas: o consumidor já não acredita em certas artimanhas empregadas pela propaganda com o intuito de lesá-lo. É preferível vender pouco, mas vender sempre. Propaganda enganosa vende apenas uma vez, comprometendo a confiabilidade da empresa.

Treinar as pessoas que irão atender os consumidores que se sentirem lesados em busca de informações: aqueles que irão tratar com os consumidores devem ser treinados para estar conscientes da importância de cada uma dessas pessoas para o sucesso ou o fracasso de uma empresa. Esses profissionais devem ser agentes de Relações Públicas.

Ouvir, com disposição, as reclamações dos consumidores: estes merecem, no momento em que reivindicam seus direitos, a mesma atenção que lhes foi dispensada no dia em que efetuaram suas compras. É importante que cada consumidor seja um agente de propaganda positiva da empresa, e isso só acontecerá se lhe for dispensada a devida atenção.

Garantir ao consumidor a qualidade daquilo que ele adquiriu, sob pena de lhe restituir o pagamento se o que foi comprado não corresponder à sua finalidade: nada agrada mais a um consumidor e soa-lhe como demonstração da honestidade de uma empresa que a garantia da devolução do que foi pago, diante de uma compra que não o satisfez. A satisfação garantida ou seu dinheiro de volta tem evitado que muitas empresas tenham de se deparar com intimações de órgãos de defesa ou a defesa do próprio consumidor.

Atender às pretensões dos consumidores reais e potenciais: pela pesquisa de opinião ou de mercado, esses dados serão detectados e se completará um ciclo que resultará na compreensão mútua entre a empresa e seus diversos públicos, o consumidor. As empresas estarão, com essas medidas, garantindo o seu sucesso como pessoa jurídica. Mas resta também conscientizar seus administradores do papel social delas. Que o lucro não seja o maior objetivo de uma estrutura organizacional consciente de que sua sobrevivência dependerá da massa consumidora satisfeita.

Uma pesquisa (Cesca, 2001) comprovou que praticamente todas as empresas entrevistadas possuem SACs, e, por seu tempo de existência, é possível concluir que a grande maioria criou esse setor após a aprovação do Código de Defesa do

Consumidor. Isso demonstra também que um número maior de empresas está preocupado com o consumidor e consigo próprio, pois hoje o código desrespeitado não só prejudica a imagem, mas também impõe sanções efetivas — como as de ordem administrativa, previstas no artigo 55 e seguintes, e também punições penais, inclusive prisão, artigos 61 e 80.

Os Serviços de Atendimento ao Consumidor geralmente têm como principais finalidades:

- Permitir ao consumidor um contato direto com a empresa, por meio de alguém que está ali especialmente para ouvi-lo.
- Ganhar a preferência do consumidor nas próximas compras, como decorrência de atendimento personalizado, independentemente da localidade onde ele esteja.
- Evitar que o consumidor recorra aos órgãos de defesa oficiais, resguardando a empresa de prejuízos de imagem e conceito.
- Colher sugestões e críticas que permitirão à empresa o aprimoramento dos serviços/produtos.
- Manter a empresa informada quanto à satisfação dos consumidores com relação a seus produtos e/ou serviços.
- Mostrar ao consumidor que ele poderá ter respaldo, antes e depois de efetuar a compra.
- Responder a todos os questionamentos, seja pessoalmente, por telefone, e-mail, fax ou carta, com rapidez e eficiência.
- Solucionar todas as reclamações dos consumidores, desde que sejam procedentes.
- Criar um sistema permanente de pesquisa.
- Formar um banco de dados.
- Tratar o consumidor com cortesia, sempre.

- Respeitar todos os direitos do consumidor constantes do Código de Defesa do Consumidor.

COMPETIÇÃO NO MUNDO GLOBALIZADO

A globalização levou as organizações em geral à luta pela sobrevivência, pois a competição deixou de ser só com o seu vizinho local e passou a ser mundial. E, para concorrer mundialmente, é necessário qualidade.

Isso gerou uma corrida às certificações ISO, já que para formar uma organização competitiva é necessário qualidade, velocidade e tecnologia. Porém, para sustentação é preciso também recursos humanos. É preciso investir no homem, preparando-o para mudanças e adaptação à nova realidade, para chegar à excelência.

Fortes (1998, p. 174) afirma:

> [...] as antiquadas disposições políticas de restrições às importações, um empecilho à livre concorrência, que não permitiam a oferta de produtos que pudessem melhor atender os consumidores, não resistiram às forças econômicas globalizadas. Com o estímulo à competitividade, sobreviverão os mais capazes e aptos a conduzir métodos de produção racionais e não poluentes, que fazem da satisfação da pessoa o critério dos processos de expansão.

Miguel Jorge, citado por Kunsch (1999, p. 117), coloca:

> [...] com o acirramento da concorrência em escala internacional, as empresas dependem, cada vez mais, de eficientes canais de comunicação [...] para promover as mudanças exigidas pela

nova ordem econômica. Isto é fundamental para tornar conhecidos novos conceitos, repensar os processos produtivos e métodos organizacionais e buscar soluções para os novos paradigmas apresentados.

As organizações brasileiras sabem que o Brasil está em desvantagem, mas sabem também que é necessário entrar nas regras do mercado internacional, que ainda trazém aspectos políticos, culturais e legais a serem transpostos.

NOVAS TECNOLOGIAS

As novas tecnologias mudaram significativamente as organizações. Reduziram o tempo, os recursos humanos, os papéis, o espaço físico, e levaram todos à reciclagem.

- O computador substituiu as máquinas de escrever.
- A internet, as comunicações escritas impressas externas.
- A intranet, as comunicações escritas impressas internas e as caixas de sugestões.
- A extranet, as comunicações escritas impressas com fornecedores e distribuidores.
- O CD-ROM, os relatórios e os livros de empresa escritos impressos.
- A videoconferência, as viagens para reuniões.
- O site, as revistas, os boletins, manuais, relatórios, escritos impressos etc.
- A secretária eletrônica, as caixas de sugestões físicas.
- O *e-commerce* reduziu espaço físico.
- A automação reduziu drasticamente os recursos humanos.

Em síntese, é a virtualização da organização. Essas inovações representam progresso, geram otimismo, mas trazem incertezas, e garantir a sobrevivência torna-se uma luta cotidiana.

MULHERES NA CHEFIA

A emancipação feminina é um fato consumado. Elas estão na universidade, em todas as áreas do conhecimento. Hoje ocupam as chefias dos mais variados segmentos de mercado, com competência, ética e confiabilidade. Essa transformação tem incomodado a ala masculina, mas se mantém. É a mudança dos paradigmas culturais.

Nogueira (in Kunsch, 1999, p. 148) confirma essa afirmação, informando sobre a presença das mulheres no setor de Relações Públicas:

> As mulheres já têm presença importante no campo das Relações Públicas — e ela continuará a crescer. Isso fica claro não só porque existem mais mulheres que homens, ou porque elas provavelmente são melhores trabalhadoras do que eles, mas também porque esta previsão para o Brasil já é realidade nos Estados Unidos, onde recentes levantamentos indicam que 60% dos empregos em Relações Públicas, em todos os níveis, são ocupados por mulheres de muito talento. O que ainda é mais importante aqui no Brasil é que as mulheres não só ocuparão mais empregos, mas também posições mais altas nas organizações. Tendo em vista o panorama nos Estados Unidos e a nossa própria realidade, temos certeza de que as mulheres estão dando um salto qualitativo no campo das Relações Públicas.

No Brasil, os últimos levantamentos mostram que, nas empresas públicas, elas representam 60% do quadro funcional, e nas empresas privadas 30%. E a cada dia passam mais a ocupar cargos de chefias, a ser o centro do poder decisório das organizações. Não é necessário obviamente perderem sua feminilidade, tornarem-se frias e calculistas para exercer posições decisórias. Mas é fundamental protelar a manifestação das emoções para depois do embate.

A escritora americana Patricia Aberdene afirma: "As pessoas estão cansadas de modelo de liderança autoritário. O grande valor desse século é o consenso. Pode estar aí a grande chance das mulheres".

Administrar essa aceitação do feminino no poder, gerando harmonia entre o público interno, principalmente entre chefias e subordinados, é postura nova para o Relações Públicas, que terá de se adequar a essa imposição dos novos tempos.

PRIVATIZAÇÕES, INCORPORAÇÕES, FUSÕES, CISÕES

Analisando a vida do ser humano em seu cotidiano, constata-se que em muitas relações ele não figura pessoal e diretamente. Por exemplo, a empresa A ao adquirir produtos da empresa B trava um relacionamento com a empresa fornecedora, porém esta ligação não vincula os seres humanos, e sim estas duas instituições. Estes entes são constituídos pela união de alguns indivíduos, mas a personalidade destes não se confunde com a daqueles, constituindo cada qual um ser diverso e independente. Assim, o sócio de um clube de recreação tem personalidade diferente da associação; o acionista de uma sociedade anônima é um ser distinto da sociedade à qual pertence. Estes seres que atuam, e têm direitos, deveres e a eles se atribui personalidade são chamados de pessoas jurídicas.

Geralmente o ser humano, por ser eminentemente social, se une com o seu semelhante para formar uma empresa em razão de suas deficiências pessoais e da falta de recursos. Aliando-se a outros, forma uma sociedade de bens e de pessoas, ou só de uma ou de outra, para atingir um fim que sozinho não alcançaria. Mas não é qualquer agrupamento de pessoas que pode ser considerado pessoa jurídica. Para que assim possa ser considerada, deve ter determinados requisitos, como a união de pessoas naturais ou de patrimônios, para atingir fins específicos, reconhecida pela lei como sujeito de obrigações.

No sistema jurídico brasileiro (Coelho, 1994, p. 87-98), há dois grandes grupos de pessoas jurídicas ou organizações. De um lado estão as de direito público, como a União, os Estados, os Municípios, o Distrito Federal, os Territórios e as autarquias; de outro, as de direito privado, que são todas as demais. A diferença entre elas reside no regime a que se encontram submetidas. As pessoas jurídicas de direito público gozam de situação jurídica diferenciada em função dos interesses que devem tutelar; as de direito privado estão submetidas a um regime jurídico com a predominância do princípio de igualdade ou isonomia, sem a existência de valores nos interesses defendidos por elas.

Assim, uma pessoa jurídica de direito público, ao se relacionar com uma organização de direito privado, tem privilégios sobre esta última; enquanto a de direito privado está sempre em posição de igualdade, sem regalias de uma para com a outra. Para classificar uma pessoa jurídica como de direito público ou privado, é necessário conhecer de onde vieram os recursos financeiros para a sua constituição e seu funcionamento. Há também empresas constituídas unicamente por recursos públicos, mas sujeitas ao regime de direito privado — as empresas públicas.

Por sua vez, as pessoas jurídicas de direito privado podem ser subdivididas em dois grupos: as chamadas estatais, cujo capital social é formado total ou majoritariamente por recursos públicos, que engloba também as sociedades de economia mista, das quais participam também particulares, mas com capital minoritário. O outro grupo é constituído por pessoas jurídicas de direito privado não estatais, compreendendo as fundações, as associações e as sociedades. Estas últimas, por sua vez, se diferenciam das associações e das fundações em razão de seu fim negocial, que se subdividem em civis e comerciais.

Para melhor compreendê-las convém defini-las, adotando-se definições de consagrados autores.

Pessoa natural: "A pessoa natural, pessoa física ou pessoa de existência visível, é o indivíduo humano, atuando na esfera jurídica" (Machado Neto, 1982, p. 171).

Pessoas jurídicas: "São entidades a que a lei empresta personalidade, isto é, são seres que atuam na vida jurídica, com personalidade diversa da dos indivíduos que os compõem, capazes de serem sujeitos de direitos e obrigações na ordem civil" (Rodrigues, 1997, p. 64).

Pessoa jurídica de direito público:

São pessoas jurídicas de direito público as criadas diretamente pela lei ou por ato da administração como sujeitos de funções públicas por dispositivos do direito. São, ainda, pessoas jurídicas de direito público as que, desempenhando, posteriormente à sua criação, funções públicas, são reconhecidas por lei ou por ato administrativo da autoridade competente. (Ennecerus, Kipp, Wolff, 1935, p. 520-21)

Pessoa jurídica de direito privado:

> As pessoas jurídicas de direito privado são entidades que se originam do poder criador da vontade individual, em conformidade com o direito privado, e se propõem realizar objetivos de natureza particular, em benefício dos próprios instituidores, ou projetadas no interesse de uma parcela determinada ou indeterminada da coletividade. (Pereira, 1991, p. 273)

Empresa pública: Lamarca (1979, p. 331), mencionando estudiosos, informa:

> Cretella Júnior também as coloca no terreno do direito privado, definindo empresa pública como "organização de bens e pessoas, sob a forma de pessoa jurídica de direito privado, de natureza mercantil, com patrimônio próprio e capital exclusivo do Estado, criada por lei para a exploração de atividade econômica, podendo revestir-se de qualquer das formas admitida em direito, desde que compatíveis com sua especial natureza"; ou, de modo mais sintético, sob a forma de direito privado, criada por lei para gerir capital governamental afetado a fins econômicos.

Exemplifica com o Banco Nacional da Habitação, o Banco Nacional de Desenvolvimento Econômico e a Empresa Brasileira de Correios e Telégrafos. Do mesmo sentir é Caio Pereira (*apud* Lamarca, p. 331), para quem, "ressalvadas as exceções expressas em lei, as empresas do Estado, constituídas como sociedades comerciais, devem regular-se pelas normas de direito privado que lhes são próprias".

Empresas paraestatais:

Entidades paraestatais são pessoas jurídicas de Direito Privado cuja criação é autorizada por lei específica (CF, art. 37, XIX e XX), com patrimônio público ou misto, para realização de atividades, obras ou serviços de interesse coletivo, sob normas e controle do Estado. Não se confundem com as autarquias nem com as fundações públicas, e também não se identificam com as entidades estatais. São exemplos: nos serviços sociais autônomos, Senai, Senac, Sesi e Sesc; no campo das atividades econômicas, a Rede Ferroviária Federal e a Casa da Moeda do Brasil. (Meirelles, 1984, p. 307)

Autarquias:

São entes administrativos autônomos, criados por lei específica, com personalidade jurídica de Direito Público interno, patrimônio próprio e atribuições estatais específicas. São entes autônomos, mas são autonomias. Inconfundível é autonomia com autarquia: aquela legisla para si; esta administra-se a si própria, segundo as leis editadas pela entidade que a criou. (Meirelles, ibidem, p. 297)

Empresa mista: organização com capital do Estado e do particular.

Sociedade de economia mista:

[As sociedades de economia mista] são aquelas cujo capital é formado com a participação privada e a participação de pessoas jurídicas de direito público. Essa participação do Estado nas sociedades de economia mista pode ser majoritária ou minoritária. Sendo o controle de sociedade de economia mista, por força

Comunicação dirigida escrita na empresa

de lei, de pessoa jurídica de direito público, ficam tais sociedades sujeitas à Lei das Sociedades Anônimas, sem prejuízo das disposições especiais da lei federal. (Martins, 1970, p. 457)

Sociedade comercial: "Sociedade cujos fins, bem como a própria atividade econômica, têm natureza mercantil" (Enciclopédia Larousse, v. 29, p. 5435).

Sociedade civil: "É a associação que não tem como objetivo o comércio ou fins lucrativos" (Larousse, ibidem). Há, contudo, sociedades civis que têm como objetivo o lucro, como as corretoras de imóveis e as de assessoria de comunicação social. O melhor meio para se distinguir uma sociedade comercial da civil é pelo seu objeto. Se o objeto da sociedade é civil, está será de caráter civil; se comercial o seu objeto, será sociedade comercial.

Fundação: "É uma organização que gira em torno de um patrimônio. Trata-se de um patrimônio que se destina a determinada finalidade. A lei, cumpridos certos requisitos, atribui personalidade a esse acervo de bens, ou seja, atribui-lhe a capacidade para ser titular de direitos" (Rodrigues, 1997, p. 70).

Associação de fins não lucrativos: "É aquela que se propõe a realizar atividades não destinadas a proporcionar interesse econômico aos associados e, ao revés de fins lucrativos, é a que oferece vantagens pecuniárias aos componentes" (Pereira, 1991, p. 292).

Todas estas definições são relevantes para o profissional de Relações Públicas, uma vez que em cada uma dessas organizações há públicos diferenciados e a ele cabe desempenhar papel específico para bem atendê-los.

As organizações empresariais nascem, podendo crescer e desaparecer. Uma pessoa jurídica pode sofrer transformação, incorporação, fusão, cisão e dissolução. No Brasil, a partir do início da década de 1990, também surgiu o fenômeno de desestatização ou privatização das empresas estatais.

Transformação

Segundo a definição legal, é a operação pela qual a sociedade passa, independentemente de dissolução e liquidação, de um tipo a outro. A personalidade jurídica continua imutável. Por exemplo, uma empresa que tem como objeto social a fabricação de determinado produto, com a transformação, passa a ser intermediária de transações imobiliárias. (Art. 220 da Lei das S/A)

Incorporação

É a operação pela qual uma ou mais sociedades são absorvidas por outra, que lhes sucede em todos os direitos e obrigações. Pela incorporação não surge nova sociedade, pois a incorporadora absorve as demais que deixam de existir. (Art. 219 da Lei das S/A)

Fusão

É a operação pela qual se unem duas ou mais sociedades para formar uma sociedade nova, que lhes sucederá em todos os direitos e obrigações. Diferentemente da incorporação, na qual apenas a sociedade incorporada é extinta, na fusão todas as sociedades objeto da operação desaparecem, dando lugar a uma nova. (Art. 219 da Lei das S/A)

Cisão

É a operação pela qual a companhia transfere parcelas do seu patrimônio para uma ou mais sociedades, constituídas para esse fim ou já existentes, extinguindo-se a companhia cindida, se houver versão de todo o seu patrimônio, ou dividindo-se o seu capital, se parcial a versão. A sociedade que absorver parcela do patrimônio da companhia cindida sucede a esta nos direitos e obrigações relacionados no respectivo ato. No caso de cisão com extinção, as sociedades que absorverem parcelas do patrimônio da companhia cindida sucederão a esta, na proporção dos patrimônios líquidos transferidos, nos direitos e obrigações não relacionados. Em qualquer caso, haverá solidariedade passiva entre as sociedades que sucederem parcialmente a extinta. (Art. 229 da Lei das S/A)

Dissolução

É um dos meios previstos por lei pelo qual se extingue a pessoa jurídica, desde que deliberado entre os seus membros, salvo o direito da maioria ou de terceiros. Segundo o Código Comercial Brasileiro, que data de 1850, muitas são as hipóteses que levam à dissolução da sociedade comercial: a) término do prazo ajustado para a sua duração; b) falência da sociedade ou de qualquer dos sócios; c) morte de um dos sócios, salvo convenção em contrário a respeito dos que sobreviverem; d) vontade de um dos sócios, sendo a sociedade celebrada por tempo indeterminado; e) inabilidade de algum dos sócios, ou incapacidade moral ou civil, julgada por sentença; f) abuso, prevaricação, violação, ou falta de cumprimento das obrigações sociais, ou fuga de algum dos sócios; g) divergência grave entre os sócios. (Arts. 335 e 336 do Código Comercial Brasileiro)

Deve-se observar que estes dispositivos do Código Comercial foram revogados pelo art. 2.045 do vigente Código Civil, Lei nº 10.406, de 10.1.02. O art. 1.033 do Código Civil, em vigor desde 11.1.03, dispõe que a sociedade dissolve-se quando ocorrer: I — o vencimento do prazo de duração, salvo se, vencido este e sem oposição de sócio, não entrar a sociedade em liquidação, caso em que se prorrogará por tempo indeterminado; II — o consenso unânime dos sócios; III — a deliberação dos sócios, por maioria absoluta, na sociedade de prazo indeterminado; IV — a falta de pluralidade de sócios, não reconstituída no prazo de cento e oitenta dias; V — a extinção, na forma da lei, de autorização para funcionar.

A sociedade pode ainda ser dissolvida por decisão judicial ou por decisão da autoridade administrativa competente, nos casos e na forma previstos em lei especial.

A desestatização ou privatização das empresas estatais, no Brasil, ganhou relevo a partir do início da década de 1990, ocasião em que o então Presidente da República Fernando Collor incluiu dentre os seus primeiros atos o de dissolver ou desestatizar empresas estatais. Por meio da Medida Provisória nº 155, de 15 de março de 1990, posteriormente transformada na Lei nº 8.031, de 12 de abril do mesmo ano, foi incluído no Programa Nacional de Desestatização, como uma de suas "formas operacionais", a "dissolução de empresas ou desativação parcial de seus empreendimentos, com a conseqüente alienação de seus ativos", de acordo com o que dispõe o art. 4º, inciso VI, da referida lei (Penteado, 1969, p. 26).

Deixando de lado os comentários a respeito dos erros e acertos do Programa Nacional de Desestatização, por não ser objeto de nossa análise, quando qualquer uma das situações acima mencionadas acontece, independentemente da forma jurídica em que ocorrem, o trabalho do Relações Públicas adquire proporções e ações nunca antes experimentadas. Elas requerem criar programas para administrar essas situações, aí incluindo demissões em recursos humanos, alteração de métodos de trabalho — portanto, incertezas, tristezas, afastamentos médicos sérios e até mesmo óbitos, como se pode constatar em algumas privatizações em Campinas e São Paulo.

RESPONSABILIDADE SOCIAL

Comumente, responsabilidade social é confundida com as ações de filantropia das organizações junto à comunidade. É, porém, muito mais abrangente. Trata-se da ética, do posicionamento responsável da organização em tudo o que faz: políticas, ações, postura com funcionários, fornecedores, meio ambiente, governo, consumidores, acionistas, mercado etc.

Engana-se a organização que imagina que, sendo generosa em suas filantropias, poderá desrespeitar o meio ambiente, vender produtos sem qualidade, ter uma política de recursos humanos conflituosa etc. Esses são seus públicos de interesse, e hoje eles sabem fazer uma análise crítica que certamente comprometerá o conceito da organização, repercutindo nos seus dividendos.

A responsabilidade social deve fazer parte da gestão da organização. Só assim sairá do discurso para a prática.

Um exemplo de ação concreta de responsabilidade social aconteceu em uma parceria entre empresa e terceiro setor (*Diário Popular*, Caderno Economia, p. B3, 25 de maio de 2001) que beneficia 120 crianças usuárias do Grupo Comunitário Criança Feliz, na Vila Brandina, na cidade de Campinas. A sede do Grupo Comunitário, localizada em um bairro de população de baixa renda, foi totalmente reformada, o que contribuiu para o aprimoramento das condições em que são desenvolvidos os projetos socioeducativos da entidade.

A reformulação das instalações do Grupo Comunitário, de cerca de 420 metros quadrados, foi possível pelo desenvolvimento dos profissionais da rede de concessionárias de veículos da marca Mercedes-Benz. Aproveitando uma convenção anual de gerentes de serviço promovida pela Daimler-Chrysler do Brasil, duzentos profissionais participaram pessoalmente das reformas da entidade. Divididos em grupos, eles executaram tarefas como melhoria das instalações elétricas, assentamento de piso de vinil, colocação de forro, pintura externa e interna, plantio de hortaliças, reciclagem de móveis e adequação de iluminação. As atividades foram acompanhadas por voluntários e pelo Departamento de Engenharia da Federação das Entidades Assistenciais de Campinas, parceira no evento, que forneceu apoio técnico e logístico. O material foi fornecido pela Mercedes-Benz.

Essa ação, identificada com o conceito de responsabilidade social, está inserta no contexto de visão estratégica adotada pelo grupo Daimler-Chrysler para a motivação de seus profissionais, que nesta convenção procurou enfocar a valorização do ser humano, como parte de um grupo e de uma coletividade.

Muitas iniciativas como esta já existem em todo o país. Uma das pioneiras é o trabalho feito pelo Bradesco por meio da Fundação Bradesco, criada em 1956 na cidade de Osasco, cujo objetivo foi oferecer formação educacional e profissional a crianças, jovens e adultos. Hoje, as entidades espalhadas por todo o país abrigam mais de 100 mil estudantes, divididos em educação infantil, ensino fundamental, educação profissional básica, educação de jovens e adultos e ensino médio-profissionalizante.

Com o objetivo de mostrar aos empresários-clientes do banco como funciona o projeto, a direção regional decidiu

Comunicação dirigida escrita na empresa

promover dois eventos em Campinas. Os empresários visitaram a Fundação Bradesco, situada na Fazenda Sete Quedas, que abriga o centro educacional onde estudam quase 4 mil pessoas.

São projetos, portanto, que saíram do discurso para a prática. Exemplos a serem seguidos, pois o objetivo das organizações não pode se resumir ao lucro, muitas vezes desenfreado.

Começam a surgir os Relatórios Sociais, das mais variadas organizações, que mostram essas atividades de responsabilidade social. O elaborado pela empresa Holdercim Brasil, grupo suíço no Brasil desde 1950, tem a seguinte apresentação feita por seu presidente:

> O objetivo deste Relatório Social é apresentar, através de imagens e depoimentos, um outro lado da empresa, tão importante para nós quanto a nossa atividade principal — o lado da preocupação social, do envolvimento com a comunidade, da preservação do meio ambiente e do futuro. Atividades que não podem ser classificadas como secundárias para a empresa do novo século. Além da preocupação com a qualidade, a produtividade e a tecnologia, a nossa empresa vem assumindo também, com a mesma ênfase, a sua cota de responsabilidade no desenvolvimento das comunidades em que atua. É recompensador registrar aqui iniciativas de maior destaque, tomadas em conjunto com essas comunidades. São dezenas de cursos — de alfabetização e profissionalizantes — que levam à capacitação da mão-de-obra, programas de amparo à velhice, de conscientização ambiental, apoio à classe médica e eventos culturais. Nesse sentido, nós da Holdercim temos procurado unir esforços, buscando parcerias importantes com entidades como o Senai, o Sesi, as Prefeituras e as Câmaras de Comércio. Outro apoio

101

fundamental é o trabalho voluntário de nossos funcionários, que tem sido um auxílio importante nessa tarefa de melhorar a qualidade de vida das pessoas à nossa volta, e é um exemplo de exercício de cidadania, do qual muito nos orgulhamos. Para a Holdercim, todas as pessoas envolvidas na sua atividade industrial devem estar conscientes de que trabalham com o objetivo básico de "construir uma ponte para o futuro". Essa é a mensagem principal desta publicação.

A Federação das Entidades Assistenciais de Campinas tem homenageado empresas que desenvolvem ações de responsabilidade social com a Ordem do Mérito Feac. O objetivo é incentivar iniciativas como essas.

As iniciativas das organizações brasileiras, além de ter proporcionado inúmeras vantagens aos beneficiados com suas ações, trazem no seu bojo outro lado que não pode passar despercebido; a inclusão no mercado de trabalho de centenas de pessoas. Esse é outro benefício indireto proporcionado por muitas das ações de responsabilidade social.

CAPÍTULO 3

COMUNICAÇÃO ESCRITA: IMPRESSA E ELETRÔNICA

Este capítulo trata da comunicação **escrita impressa** das organizações e sua transformação em comunicação **escrita eletrônica**.

As principais comunicações escritas são as correspondências de modo geral (carta comercial, memorando, ofício, circular, requerimento, telegrama, e-mail), fax, barra de holerite, manual de integração, quadro de avisos, jornal-mural, cartaz/*banner*, caixa de sugestões, mala direta, folheto, *folder*, flyer, volante, *newsletter*, comunicado para a imprensa, *teaser*, boletim, jornal de empresa, relatório anual, relatório social, livro de empresa.

Essas comunicações são instrumentos utilizados pelas organizações para manter contato com seus diversos públicos. Quando eletrônica atinge, pela intranet, o público interno; pela extranet, o público misto; e pela internet o público externo. Quando impressa atinge, por correio e fax, os públicos misto e externo; e pelo malote e *office-boy* atinge o público interno.

103

CORRESPONDÊNCIAS

Para Teobaldo de Souza Andrade (1993, p. 129), "os veículos de comunicação dirigida, que se utilizam da palavra escrita, têm grande aplicação no campo das Relações Públicas. Destaca-se, de imediato, a correspondência em suas diferentes formas: carta, ofício, memorando, telegrama e cartão-postal".

Nielander e Miller, citados por Andrade (ibidem, p. 130), dizem que "boas Relações Públicas não podem existir sem adequada atenção para a correspondência. Qualquer telegrama, cartão-postal ou outra espécie de comunicação pessoal é parte e parcela de Relações Públicas de uma organização e ajudará a construir ou derrubar a boa vontade".

Ainda segundo Andrade (ibidem, p. 130),

[...] muito embora qualquer forma de correspondência possa ser redigida com cuidado e ser refeita, ela não possui a flexibilidade de uma conversação pessoal ou telefônica, principalmente se lembrarmos que muita gente não escreve tão bem quanto fala. A correspondência bem escrita exige esforço e sério treinamento, e pouca gente está disposta a aprender essa difícil arte.

Martha D'Azevedo (1971, p. 84) informa que "principalmente na atividade de Relações Públicas, a correspondência deve ser encarada com muita seriedade, pois dela depende, às vezes, a imagem de uma organização, de uma firma ou de uma pessoa, que pode ser o diretor ou o Relações Públicas da mesma".

Os autores aqui mencionados deixam claras a utilização da correspondência como instrumento de Relações Públicas e sua importância para a formação de opinião pública favorável, reforçando, portanto, a tese proposta.

Comunicação dirigida escrita na empresa

Carta comercial

As cartas comerciais possuem maior flexibilidade, pois podem transmitir, quando bem redigidas, todas as informações que se desejar, diz Whitaker Penteado (1969, p. 163). Continua o autor:

É evidente que a primeira dificuldade para a utilização ampla das cartas como instrumento de Relações Públicas está na sua redação. É imenso o número de pessoas que trabalham, ocupam posições de destaque numa empresa, e, simplesmente, ou não sabem redigir ou escrevem mal. A primeira condição de uma carta, portanto — a de ser bem escrita —, já pode constituir um impedimento para a sua utilização eficiente. Como todas as comunicações escritas, as cartas correm o risco de não serem bem compreendidas pelo receptor. Este, muitas vezes, lê à sua maneira, e interpreta, em conseqüência, o seu conteúdo de maneira aleatória.

A carta é, pois, um instrumento irrecorrível — o seu impacto é o que é —, o que não acontece com as comunicações orais, que oferecem uma larga faixa de mudanças e possibilidades de harmonização de pontos de vista. A tentação de escrever cartas também constitui outro risco, que sofrem todos aqueles que têm facilidade de redação. O volume da correspondência tem-se revelado um dos mais constantes dramas das comunicações nas empresas, seja por força dessa tentação de escrever, seja pelas cartas mal escritas, ou mal interpretadas, que motivam fluxos caudalosos de novas cartas, agravando as rotinas e a burocracia.

Para Chappell e Read (1973, p. 76),

[...] a correspondência comercial pode dar, de várias maneiras, um bom nome à firma. Primeiro, uma resposta imediata sempre indicará que a firma é eficiente. Se ela é eficiente nos escritórios, provavelmente o será nos outros departamentos. Segundo, se a carta é bem definida, o destinatário provavelmente se disporá a pensar que está lidando com uma organização metódica. Terceiro, se o leitor pode compreender o que está escrito, ele poderá expressar sua gratidão de maneira palpável fazendo seu pedido à companhia do autor da carta. Igualmente importante é que ele pode falar dessa firma, aparentemente muito eficiente, aos seus amigos.

Para Barros (1983, p. 11),

[...] não se pode insistir na velha tecla, segundo a qual a carta comercial é mero veículo de informação, simples atividade-meio, sem qualquer outra implicação no mundo dos negócios. A carta realmente é um veículo de informação, mas ater-se a esse único objetivo estaria minimizada a sua real valia. Faz parte integrante de todo um sistema de comunicação, com o seu emissor, com sua mensagem e com seu receptor. Está, conseqüentemente, sujeita a toda a engrenagem, a todos os dispositivos, a todos os requisitos indispensáveis à comunicação para propagar, agrupar, propor negócios e criar imagem.

Na opinião de Barros (ibidem, p. 14), a carta é ainda um veículo de comunicação e de promoção que exerce o eficiente papel de agente de Relações Públicas. Pois, por meio de linguagem adequada, convincente e persuasiva, pode praticar aquele esforço planejado e constante que visa estabelecer entendimento recíproco entre uma empresa e o público, e a mantê-lo pela continuidade de sua ação. É, portanto, um poderoso agente de formação de opinião.

Em uma análise geral sobre a posição desses autores, podemos afirmar que a carta comercial é um veículo de comunicação dirigida escrita, que, quando bem elaborada, torna-se um eficiente instrumento de Relações Públicas que gera a formação de opinião pública favorável. Uma carta comercial bem elaborada significa a utilização de linguagem direta, estética moderna, ausência de "formas" de iniciar e "formas" de terminar seu conteúdo.

A criatividade deve ser abundante, sem se apegar a modelos de arquivos. Cada pessoa física ou jurídica é um público; portanto, para cada um, há uma maneira de redigir, ainda que o assunto seja o mesmo.

É necessário observar que a carta comercial atual está despida de alguns elementos que no passado eram considerados importantes. Vejamos o modelo a seguir, que foi elaborado para que pudéssemos usar todos os elementos de uma carta comercial. Contudo, existem elementos dispensáveis e indispensáveis. Os dispensáveis aparecem em negrito no modelo que segue. Nesse modelo podemos verificar que, no endereçamento do destinatário, não se coloca mais o nome da rua, bairro, CEP (código de endereçamento postal), devendo-se optar por uma das três formas a seguir.

Formas de endereçamento

Pessoa física	Pessoa jurídica
a) Sr. José da Silva Santos. São Paulo – SP	a) Indústria Gimenes & Cesca. São Paulo – SP
b) Sr. José da Silva Santos.	b) Indústria Gimenes & Cesca.
c) Ao Senhor José da Silva Santos São Paulo – SP	c) À Indústria Gimenes & Cesca São Paulo – SP

Cleuza G. Gimenes Cesca

Identificação dos elementos da carta comercial

Os que aparecem em negrito são optativos.

(1) Cabeçalho ou timbre
(2) Data
(3) Índice e numeração
(4) Endereçamento
(5) Recomendação
(6) Saudação
(7) Referência
(8) Corpo
(9) Fecho
(10) Assinatura
(11) Iniciais de quem redigiu e digitou

No fecho da carta comercial, é suficiente que se coloque "atenciosamente" ou "cordialmente", sem anteceder com um longo parágrafo de despedida.

Outra grande inovação foi quanto à estética, utilizando-se bloco compacto, no qual todos os elementos vão à esquerda, sem margem ou divisão de palavras à direita, como se vê no modelo mencionado. Estéticas como semibloco e bloco são apenas utilizadas em algumas empresas de pequeno porte por desinformação quanto à atualização dessa correspondência.

Essa correspondência é muito adequada para a forma eletrônica, mas está sendo elaborada sem a preocupação com a forma utilizada quando impressa e que é uma norma para a sua redação. Pode-se, portanto, trabalhar essa correspondência via e-mail, guardando todas as características da carta impressa, havendo somente nova forma para o endereçamento.

INDÚSTRIA GIMENES & CESCA (1)
www.gimenesca.com.br
Av. Brasileira, 200 – Campinas – SP

Campinas, 00 de março de 0000 (2)
G. Com. 01/00 (3)

Empresa XYZ (4)
Nesta

At. Dr. André Soares Vieira (5)

Prezados Senhores, (6)

Ref. Patrocínio (7)

XXXXXXXXXXXXXXXXXXXXXXXXXXXXXXXXXXXXXXXX
XXXXXXXXXXXXXXXXXXXXXXXXXXXXXXXXXX.
XXXXXXXXXXXXXXXXXXXXXXXXXXXXXXXXXXXXXXXX
XXXXXXXXXXXXXXXXXXXXXXXXXXXXXXXXXXXXXXXX
XXXXXXXXXXXXXXXXXXXXXXXXXXXXXXXXXXXXX.
XXXXXXXXXXXXXXXXXXXXXXXXXXXXXX. (8)

Atenciosamente, (9)

Gerência de Comunicação (10)

CGC/amc (11)

Memorando

É uma comunicação escrita, redigida de maneira informal, cuja principal característica é ser dirigida somente ao público interno.

Sua característica informal não pode ser confundida com liberdade para utilizar linguagem familiar. Seu conteúdo é comercial, portanto não se pode chegar a exageros como finalizá-lo com um informal "um abraço", tampouco o informal "atenciosamente". Ambos são dispensáveis, não se utilizando qualquer espécie de fecho.

Chappell e Read (1983, p. 89) afirmam que "os princípios da redação de cartas também se aplicam aos memorandos. Contudo, não há necessidade de saudações como 'Prezado Senhor', nem um fecho como 'cordialmente'".

Harlow e Compton (1980, p. 127) colocam que o memorando mantém as informações fluindo tanto da alta administração para os operários, como também por meio de qualquer nível de administração e supervisão. É um modo de comunicar políticas, decisões e instruções.

Barros (1983, p. 130) nos informa que memorando "é o instrumento de comunicação interna. Difere da carta por isso mesmo, isto é, por ter circulação limitada ao âmbito da empresa, enquanto que a carta se destina a interesses externos, a clientes, consulentes, representantes, fornecedores, autoridades etc.".

Toda a comunicação administrativa interna da empresa privada é basicamente feita por meio desse simples documento.

É de todas as correspondências a que mais largamente pode ser utilizada eletronicamente. A sua simplicidade impressa é adaptada facilmente na intranet, que poderá ser

Ofício

É quase que exclusivamente utilizado no serviço público, na comunicação entre chefias e com o público externo. Na empresa privada, só é usado quando for dirigir-se ao serviço público. Seu conteúdo é formal, sem exageros do passado, quando se dedicavam mais linhas para a introdução e para o fecho do que propriamente para o conteúdo. Como, em geral, é dirigido a autoridades, é necessário observar o tratamento que cada cargo exige (Cesca, 1984, pp. 82-84).

O ofício está para a empresa pública assim como a carta comercial e o memorando estão para a empresa privada.

Odacir Beltrão (1981, p. 267) afirma que as entidades civis, comerciais e religiosas não expedem ofício. Parece-nos que ele não está considerando a possibilidade de essas instituições terem de se dirigir ao serviço público; pois, se isso ocorrer, terão necessariamente de elaborar uma correspondência chamada ofício.

Para Barros (1983, p. 128),

> [...] embora o ofício, em geral, seja quase sempre exclusivo da correspondência emitida pelos órgãos públicos estatais (ministérios, departamentos, serviços, autarquias etc.), muitas empresas privadas se têm valido desse documento, principalmente em suas relações com aqueles órgãos, subordinando-se, também, à forma estabelecida oficialmente para tal espécie de correspondência.

Para Pugliese (in Raymundo Motta, 1973, p. 234), "ofício é a correspondência de caráter oficial, equivalente à carta. É dirigido por um funcionário a outro, da mesma ou de outra categoria, bem como por uma repartição a uma pessoa ou instituição particular, ou, ainda, por instituição particular ou pessoa a uma repartição pública".

O *Manual de redação da Presidência da República* (1991, p. 21) apresenta o ofício com algumas inovações. Esse novo modelo, para ser aplicado em todo o serviço público federal brasileiro, poderá também servir de parâmetro para a empresa privada. Segundo esse manual, as formas vocativas foram modificadas.

Para os chefes dos Poderes usa-se Excelentíssimo Senhor, seguido do respectivo cargo, como:

- Excelentíssimo Senhor Presidente da República;
- Excelentíssimo Senhor Presidente do Congresso Nacional;
- Excelentíssimo Senhor Presidente do Supremo Tribunal Federal.

As demais autoridades serão tratadas pelo vocativo Senhor, seguido do cargo, como, por exemplo:

- Senhor Senador;
- Senhor Ministro;
- Senhor Governador.

No envelope, o endereçamento das comunicações dirigidas às autoridades tratadas por Vossa Excelência terá a seguinte forma:

Excelentíssimo Senhor
Fulano de Tal
Ministro da Justiça
70.064-000 — Brasília-DF

Excelentíssimo Senhor
Fulano de Tal
Senador Federal
70.160-000 — Brasília-DF

Excelentíssimo Senhor
Fulano de Tal
Juiz de Direito da 10ª Vara Civil
Rua X, nº 14
01.010-000 — São Paulo-SP

Outra alteração que eliminou parte do formalismo do ofício foi a exclusão do uso do tratamento DD. (digníssimo) e M.D. (mui digno) às autoridades, curiosamente sob a alegação de que *a dignidade é pressuposto para que se ocupe qualquer cargo público, sendo desnecessária sua repetida evocação* (ibidem, p. 24).

Vossa Senhoria é empregado para as demais autoridades e para particulares, sendo o vocativo adequado: Senhor (cargo).

O endereçamento a ser colocado no final do texto do ofício será assim:

Para chefes dos Poderes e demais autoridades:

Excelentíssimo Senhor
Fulano de Tal
Presidente do Congresso Nacional
Brasília-DF

Excelentíssimo Senhor
Fulano de Tal
Secretário-Geral da Presidência
Brasília-DF

Para aquelas autoridades cuja forma de tratamento empregada é apenas Vossa Senhoria, elimina-se o Ilustríssimo Senhor, ficando:

É necessário sempre observar as formas de tratamento que cada cargo requer, bem como a forma vocativa. Exemplos peculiares são as utilizadas para juízes, reitores, bispos etc. A empresa privada que procura formas de tornar sempre mais ágil sua correspondência já adotou o sistema bloco compacto para a estética também do ofício, que comprovadamente reduz o tempo da sua elaboração.

Sua utilização eletrônica interna (intranet) dinamiza a comunicação, sendo aconselhável que se procure manter a estética do impresso, pois trata-se de uma correspondência mais formal — a menos que o setor público prefira abolir esse tipo de correspondência, optando pelo memorando (e-mail). Nos casos de grandes formalidades, exigências de cerimoniais, a forma impressa distribuída pessoalmente ou por correio não deve ser desprezada.

A sugestão é que na forma eletrônica se mantenha a formatação impressa do corpo desse documento para garantir a sua formalidade.

Circular

É uma comunicação escrita de forma genérica. Sempre que uma mesma informação tiver de ser passada a vários destinatários, faz-se uso da circular. Seu texto é informal e direto; dispensam-se, portanto, as formalidades. É reproduzida na quantidade necessária, por meio de xerox ou qualquer outra forma de reprodução ao dispor da empresa emitente. A estética bloco compacto também chegou a essa modalidade de comunicação dirigida escrita.

Martins e Zilberknop (1986, p. 145) assim definem circular: "o meio de correspondência pelo qual alguém se dirige, ao mesmo tempo, a várias repartições ou pessoas. É, portanto, correspondência multidirecional".

Esclarecem ainda as autoras que, "na circular, não consta destinatário, pois ela não é unidirecional. O endereçamento vai no envelope. Por outro lado, se um memorando, um ofício ou uma carta forem dirigidos multidirecionalmente, serão chamados de memorando-circular, ofício-circular e carta-circular".

No caso acima mencionado, segue-se o mesmo procedimento de reprodução adotado para a circular. Não é, entretanto, uma prática corrente nas empresas privadas adotar caráter de circular para outras formas de correspondência.

Para Odacir Beltrão (1981, p. 206), "circular é toda comunicação reproduzida em vias, cópias, ou exemplares de igual teor e expedidas a diferentes pessoas, órgãos ou autoridades. Especificamente, como documento, é mensagem endereçada simultaneamente a diversos destinatários, para transmitir avisos, ordens ou instruções".

Dada a sua característica genérica, a adaptação na forma eletrônica transcorre com grande facilidade.

Requerimento

É um documento no qual o interessado, após se identificar e qualificar, faz sua solicitação à autoridade competente. Só é usado ao se dirigir ao serviço público.

Após o vocativo, deixam-se aproximadamente dez linhas ou espaços entre este e o corpo, espaço destinado ao protocolo e despacho da autoridade competente, finalizando com pedido de deferimento à solicitação, a data, após exposição de fatos.

Teobaldo de Souza Andrade* considera desnecessário solicitar deferimento ao final do documento, argumentando que ninguém faz uma solicitação para pedir indeferimento.

Concordamos inteiramente com o conceituado mestre, porém temos de reconhecer que ainda não é uma prática tal documento ser elaborado sem a solicitação de deferimento. A bibliografia existente não dispensa o encerramento do requerimento sem fechos, como: "Nesses termos pede deferimento", "Termos em que pede deferimento", "Pede e aguarda deferimento", "Isso posto, N.T.P.D.", "P.D." etc.

Para Martins e Zilberknop (1986, p. 206), "requerimento é um documento específico de solicitação, e, através dele, a pessoa física ou jurídica requer algo a que tem direito (ou pressupõe tê-lo), concedido por lei, decreto, ato, decisão etc.".

Segundo Odacir Beltrão (ibidem, p. 313):

> Requerimento é o instrumento que serve para solicitar algo a uma autoridade pública. Por extensão, é todo pedido encaminhado, escrito ou verbalmente, a uma autoridade do Serviço Público. Não se envia requerimento a empresas comerciais ou a grêmios esportivos, por exemplo: o pedido ou a solicitação é, neste caso, objeto de carta.

O autor diz ainda que

---

* Afirmação formulada verbalmente em aula, no curso de pós-graduação na ECA-USP.

[...] petições e requerimento são sinônimos em linhas gerais; porém, note-se que aquela se destina, exatamente, a pedido sem certeza legal ou sem segurança quanto ao despacho favorável, ao passo que o requerimento é um veículo de solicitação sob o amparo da lei, mesmo que suposto... o memorial e o abaixo-assinado são tipos de petição ou requerimento, neles concorrendo duas ou mais pessoas; são petições ou requerimentos coletivos. (ibidem, p. 314)

Odacir Beltrão (ibidem, p. 315) também ensina a utilização de fechos como: "Espera deferimento", "Termos em que pede deferimento", "Aguarda deferimento"; ou essas mesmas formas de maneira abreviada.

Medeiros (1983, p. 233) sugere estética bloco compacto para o requerimento. Trata-se de uma inovação nesse documento que deve ser adotada em razão da tendência à atualidade com relação às correspondências. São, também, características do requerimento: ser datilografado ou manuscrito em papel simples ou duplo, com ou sem pauta.

A maior dificuldade que vemos em aplicar a sugestão de Teobaldo de Souza Andrade está no fato de que o requerimento é um documento só utilizado ao se dirigir ao serviço público, e de que este, partindo do princípio de que poucas são as pessoas que sabem redigi-lo, fornece um modelo ao interessado. É necessário, portanto, ensinar quem faz esses modelos, isto é, o serviço público. Infelizmente, o *Manual de redação da Presidência da República* não faz referência ao assunto. Perdeu-se, com isso, uma grande oportunidade de corrigir essa maneira imprópria de encerrar o requerimento.

Sua forma eletrônica só será possível se houver autorização formal e pública do setor público para remessa via internet.

Telegrama

Utilizado em pequena escala, o telegrama é também um veículo que, embora muitos acreditem ser simples de redigir, não o é quando feito corretamente, pois possui características próprias.

Redigir um telegrama omitindo palavras desnecessárias não tem apenas a finalidade de reduzir seu custo; demonstra também que o emitente é atualizado e competente, repercutindo tal postura em sua atitude pessoal.

Para Whitaker Penteado (1969, p. 173), a desvantagem dos

> [...] telegramas como instrumentos de Relações Públicas é que são veículos emocionais, portanto, é indispensável não utilizá-los fora de conjunturas onde existe uma respectividade natural para esse tipo de mensagem. Um telegrama fora de época pode constituir uma preocupação para quem o recebe, e por mais elaborada que seja a mensagem de Relações Públicas, ela estará sempre arriscada a ser superada pelo choque emocional de quem o recebe, sempre negativo quando não ocorrem fatores circunstanciais favoráveis à sua recepção.

Para Odacir Beltrão (1981, p. 321), "telegrama é meio de comunicação empregado em casos urgentes ou especiais; é um instrumento de comunicações rápidas; é mensagem telegráfica".

Continuando, o autor informa que o texto pode ser elaborado em linguagem clara, aquela inteligível sem auxílio de códigos ou cifras, e que a linguagem telegráfica inclui certas reduções, abreviações e neologismos: ATEH — até; LAH — lá; EH — é; IMPAGO — não-pago; VOSSIA, VOSSENHORIA — Vossa Senhoria; AVBRASIL — Av. Brasil; GAMALIMA — Gama Lima; LAN — lã; ET — e; SDS — saudações; CT — cotejar, cotejado; ROSEU — em resposta ao seu telegrama, recebi seu telegrama. Beltrão ainda recomenda: usar **comprara** em negrito e não *havia* **comprado**; fazer uso do endereço telegráfico; suprimir ou reduzir expressões de cortesia; evitar rasuras; não dividir palavras em fim da linha; escrever em letras maiúsculas, deixando dois espaços entre cada palavra; suprimir o hífen — escrevanos; dispensar acentos gráficos — saudacoes; omitir palavras desnecessárias — dia dez corrente; colocar os números em algarismos arábicos — 15000 ou quinzemil; para datas, se não trouxer dúvidas — 201093.

Existem, também, outras formas convencionais em pontuação, tais como: vg — vírgula; pt — ponto final; ptvg — ponto e vírgula; e bipt — dois pontos; int — interrogação; exc — exclamação; abraspas — abrir aspas; fechaspas — fechar aspas.

O *Manual de redação da Presidência da República* (1991, p. 56), com o objetivo de uniformizar a terminologia, classifica como telegrama toda comunicação oficial expedida por meio de telegrafia, telex etc., e alerta para que não se usem abreviaturas do tipo pt, em lugar do (.); vg, em lugar da vírgula (,); ptvg, em lugar do ponto-e-vírgula (;) etc. alegando que dificultam a leitura do expediente — quando não impossibilitam sua compreensão.

Consideramos válida essa observação quando o destinatário for pessoa física comum. No caso de pessoa jurídica ou autoridades, não acreditamos que haverá qualquer dificuldade na leitura do texto, ou mesmo impossibilidade de compreensão.

Os telegramas podem ter conteúdo social ou profissional. No conteúdo social, escreve-se um texto corrido sem a preocupação em suprimir palavras desnecessárias para a compreensão do texto. No conteúdo profissional, deve-se ter a preocupação de suprimir aquelas palavras que não comprometam a compreensão da mensagem.

O telegrama é redigido em formulário padronizado pelos Serviços de Correios e Telégrafos, e sua expedição pode ser feita também por via telefônica, o que facilita para o expedidor. A única desvantagem é que, às vezes, podem ocorrer erros de grafia por parte de quem recebe o texto para encaminhamento. Isso é possível de confirmar na cópia que os Serviços de Correios e Telégrafos remetem ao emitente, caso esse solicite.

A cobrança respectiva é feita por meio da conta telefônica. Os públicos de interesse dessa comunicação dirigida escrita são todos os que têm ligações diretas ou indiretas com a empresa, ou seja: interno, externo e misto.

Essa forma de comunicação parece que permanecerá sempre impressa. Atinge a todos, independentemente da localização geográfica, da condição social e econômica. Tem, ainda, uma característica que a eletrônica parece não permitir com facilidade a todos: o absoluto sigilo. Caso, porém, essa característica deixe de ser importante, ou a forma eletrônica também garanta esse sigilo, ou ainda todas as pessoas do planeta possuam seus endereços eletrônicos, então, sim, essa comunicação será feita por e-mail.

Correio eletrônico (e-mail)

Todas as comunicações escritas impressas das organizações podem ser transformadas em eletrônica e enviadas também por e-mail, na forma de mensagens ou fazendo um *attachment* (anexação) de um arquivo de documentos, imagens, sons, vídeos.

Esse novo veículo deu origem a um tipo de mensagem que convencionou-se chamar de e-mail ou correio eletrônico. A mensagem e-mail é feita sem formalidades, respeitando as normas de redação empresarial, portanto sem inclusão de termos da redação social, excesso de abreviaturas. Seu conteúdo tem de ser enxuto, como já vem ocorrendo com a correspondência impressa há anos.

Para conseguir manter a diagramação do conteúdo enviado, é preciso que o receptor tenha a mesma configuração do emissor; por isso, às vezes, é melhor encaminhá-lo em forma de arquivo.

É tempo de as empresas se preocuparem com a elaboração correta dessas comunicações, pois elas refletem na sua imagem/conceito.

Fac-símile (fax)

O fax, forma abreviada já consagrada de fac-símile, é uma modalidade de comunicação que, por sua velocidade e por ser menos oneroso do que o telegrama, tenderá a substituir, em muitos casos, outras formas de correspondência, nos informa o *Manual de redação da Presidência da República* (1991, p. 57).

Para a sua expedição pode ser utilizado formulário padronizado, que chega ao destinatário por cabo telefônico, ficando o original com o emissor.

A comprovação do recebimento, pelo remetente, é feita pelo aparelho emissor que informa o dia e a hora de sua efetivação.

Para Teobaldo de Souza Andrade (1978, p. 37), fac-símile é "a cópia exata ou reprodução de algo, geralmente produzido por um processo mecânico ou fotográfico a partir do original. Processo eletrônico de transmitir cópias exatas de material impresso ou fotográfico, através de longas distâncias". Os públicos dessa comunicação são todos os da empresa.

Barra de holerite

Transformar a barra de holerite em veículo de comunicação com o público interno é garantir que a mensagem seja realmente lida, pois nessa forma de comunicação tudo é lido e relido com muita atenção. Trata-se, afinal, do comprovante de remuneração pelo serviço prestado.

Cada vez mais as empresas estão ampliando os espaços no holerite para comunicações, pois já comprovaram o seu retorno.

Whitaker Penteado (1969, p. 172) afirma que

[...] os envelopes de pagamento são dos poucos instrumentos de comunicações escritas sobre os quais podemos afirmar, com a maior das seguranças, que chega, sem dúvida alguma, ao seu destinatário. É de se prever que seu aproveitamento num trabalho de Relações Públicas se faça em momento oportuno, pois todo empregado sabe que um dos melhores dias de trabalho é justamente o dia em que recebe o seu salário. É preciso considerar também que tudo quanto se encontra escrito nesse envelope é lido cuidadosamente, pois o próprio interessado quer conferir as suas contas.

Teobaldo de Souza Andrade (1968, p. 66) menciona o assunto reportando-se a Incerto no Envelope de Pagamento: "A maior vantagem desse meio de comunicação com os empregados reside na certeza de sua entrega, pois o envelope nunca é recusado. A mensagem inserida no envelope tem de ser curta e objetiva".

A utilização dessa forma de comunicação pela área de Comunicação/Relações Públicas é ampla, embora sua circulação seja mensal, isto é, treze vezes ao ano (incluindo o 13º salário), e tendo de dar espaço também a outros setores da empresa, como, por exemplo, recursos humanos.

É, portanto, a barra de holerite um eficiente meio, principalmente para reforçar comunicações já feitas por outros veículos, para o público interno da empresa.

Para transformar as mensagens impressas da barra em mensagens eletrônicas, será apenas necessário que todos os funcionários tenham acesso a terminais informatizados. Limitará, contudo, o impacto e o interesse que o veículo holerite proporciona. E, evidentemente, não chamará barra de holerite, mas, talvez, barra de mensagens, fique atento, conecte-se, fique ligado etc.

Manual de integração

Tem por finalidade integrar o funcionário ao ambiente de trabalho, mostrando-lhe direitos e deveres na fase de adaptação.

É também chamado de manual do funcionário, manual do empregado, normas internas, regulamento, informativo, manual de normas internas, guia de instruções etc.

Lozano (s/d, p. 116) menciona, como benefícios que resultam para as empresas com a elaboração do manual, os seguintes: prestígio para os empregados; redução de problemas de trabalho, visto que muitas vezes são motivados por mal-entendidos, desconhecimento da empresa ou boatos sem fundamentos; economia de tempo para os dirigentes, uma vez que não precisam receber os esclarecimentos dessa ordem; obtenção de melhor utilização e usufruto das instalações postas pela empresa à disposição dos funcionários; maior produtividade, dado que qualquer empresa com seu pessoal estimulado obterá maior produção e eficácia pelo mesmo custo. O profissional Relações Públicas poderá aproveitar o manual "Essa é a nossa empresa", como instrumento de prestígio entre os acionistas, personalidades, entidades financeiras, fornecedores etc., ajudando-o a criar e manter a boa imagem da empresa e dos seus dirigentes.

Para Chappell e Read (1973, p. 89), a meta do manual de instruções é assegurar a uniformidade do procedimento em uma organização, sendo ele um complemento ao treinamento, não seu substituto.

Whitaker Penteado (1969, p. 166) coloca como vantagem do manual o fato de ser um instrumento direto de comunicação da empresa com os funcionários, mas poderá ter desvantagens se cair em exageros de afirmar "Você acaba de ingressar em uma família feliz". Segundo o autor, com um manual bem-feito, entregue aos funcionários, a empresa estará fazendo boas Relações Públicas.

Resumidamente, seu conteúdo deve ser composto de: apresentação do manual pela diretoria; histórico da empresa; descrição dos ramos de atividade; normas de trabalho; serviços beneficentes e quaisquer outras informações que a empresa entenda necessárias dadas as suas especificidades.

Outro aspecto importante a ser observado é a linguagem a ser utilizada, que deve ser acessível ao nível de escolaridade e compreensão do funcionário. Na maioria das vezes, textos compactos, com parágrafos longos, não são bem aceitos. É necessário, muitas vezes, recorrer a ilustrações para atrair a atenção e facilitar a compreensão.

A forma impressa garante ao seu leitor o acesso a ele na empresa ou na residência, com muita facilidade. Sua adaptação eletrônica é muito adequada à recomendação de que se trabalhe com menos texto, mais ilustrações e de que todos os setores da empresa estejam informatizados.

Quadro de avisos

É um eficiente veículo de comunicação interna; como o próprio nome indica, é um quadro com avisos. A posição estratégica e a apresentação física atraente garantem sua longa permanência como veículo útil de comunicação.

Para Teobaldo de Souza Andrade (1968, p. 66),

O quadro de avisos é um veículo de comunicação amplamente usado nas empresas para transmitir aos empregados informações de caráter geral. Muitas vezes, esse meio de comunicação não cumpre o seu objetivo devido, por não estar bem localizado. O melhor local, para a colocação de quadros de aviso, não é, como muita gente pensa, próximo ao relógio de ponto, mas sim nos caminhos que conduzem ao restaurante ou à tesouraria. Os avisos devem ser concisos, de molde a permitir sua leitura num simples correr de olhos. O quadro de avisos pode conter informações sobre programas de treinamento, notas sociais etc.

Whitaker Penteado (ibidem, p. 167) menciona que quadros de avisos podem ser colocados em posições privilegiadas, no que se refere ao trânsito de empregados e às possibilidades de serem vistos, e também aproveitados para uma infinidade de comunicações, sendo essas suas principais vantagens. Muitas empresas, ainda hoje, não despertaram para a importância desse veículo de comunicação, renegando-o a simples quadros de *layout* ruim e conteúdo desatualizado — contrariando, com isso, sua finalidade, que é passar informações rápidas e atualizadas.

França (1988, p. 115) diz que

> [...] os quadros de avisos são geralmente administrados pelo setor de Relações Industriais e aplicam-se à afixação de notícias de divisão de Pessoal, de sindicatos ou de disposições legais. Às vezes, são disputados pelo pessoal de Relações Públicas, que costuma apenas decorá-los sem, todavia, transformá-los em bons instrumentos de comunicação. Possuem características próprias quanto à sua apresentação, mas representam um instrumento estático, ostentando matérias sem interesse ou caducas — o que peca frontalmente contra qualquer princípio de boa comunicação.

Com certeza, não é essa finalidade que o Setor de Relações Públicas deseja para o quadro de avisos, principalmente nestes tempos em que as empresas estão se adequando para satisfazer o cliente, pois o público interno, a quem é dirigido o quadro de avisos, nada mais é que o cliente interno da empresa.

Canfield (1970, p. 103) assim se manifesta sobre o quadro de avisos: "Um dos menos dispendiosos, e todavia mais negligenciados veículos de comunicação. Devidamente localizado, o quadro de avisos é um excelente auxiliar das publicações internas no que tange à transmissão de notícias locais".

Robert Newcomb e Marg Sammons, citados por Canfield, especialista na utilização deste sistema, recomendam sete características vitais para sua eficácia:

1. Localizá-lo em local onde possa ser facilmente visto e lido.
2. Cobri-lo com vidro; fazê-lo em papel que não tenha propensão para enrolar; preservá-lo da poeira e de excessivas marcas de dedos.
3. Trocar o material apresentado num período de dez dias.
4. Combinar notícias com novidades sobre a firma, coluna social, e uma ou duas fotografias.
5. Delegar a uma pessoa a responsabilidade pela limpeza do quadro e sua atualização.
6. Não estabelecer confusão mediante excesso de material.
7. Apresentar linguagem simples e notícias breves.

Poderá estar disponível na forma eletrônica; diminuirá, pelo menos no início de sua implantação, o interesse, já que não possui a atração do convencional.

É importante que uma análise seja feita para optar por esse veículo na forma eletrônica, pois talvez o boletim ou jornal eletrônico atendam melhor a essa necessidade.

Jornal mural

Não há como confundi-lo com quadro de avisos, apesar de ser uma prática corrente.

Como o próprio nome sugere, é um jornal no mural; para os portugueses, jornal de parede. Portanto, deve receber tratamento de jornal, isto é, possuir inclusive pauta.

Lozano (s/d, p. 111) informa que o jornal de parede é um dos meios de comunicação mais antigos que existem e se impõe por ser um excelente instrumento a serviço das Relações Públicas. Esclarece, também, que em Portugal a estrutura física do jornal mural é de papel; diferente, portanto, da adotada nas empresas brasileiras.

Whitaker Penteado (1969, p. 171) diz que "os jornais murais substituem os quadros de avisos, com as mesmas freqüências com que os boletins dos empregados substituem os *houses-organs* editados pela diretoria. A transformação de um quadro de avisos em jornal mural está na dependência do volume de colaborações recebidas dos empregados".

França (1988, p. 115) faz as seguintes considerações sobre o jornal mural:

> Entre os multimeios da comunicação empresarial, o jornal mural constitui uma das formas mais rápidas e eficientes de comunicação com os empregados. Instrumento dinâmico, abre espaço para um rol de informações jamais focalizadas por outros veículos empresariais, caracterizando-se principalmente por ser um veículo diário e imediato da comunicação da empresa com seus funcionários e de baixo custo. Definido como jornal, o mural para se tornar instrumento eficiente deve ser bem programado e executado, merecer programação editorial, pauta diária, programação visual, devendo ainda contar com recursos gráficos, fotos e ilustrações. Não pode ser peça isolada, mas parte do planejamento global da comunicação da empresa e organizado de forma a atender suas necessidades diárias de informação e como complemento de outros veículos empresariais.

Para França, a utilização do jornal mural é relevante e única. Ao contrário da mídia impressa, que pode ser levada para públicos externos, o mural é uma comunicação dirigida essencialmente para o público interno, podendo, portanto, veicular dados reservados a esse público. São suas finalidades: ser instrumento de comunicação rápida e imediata; ter informações veiculadas diariamente; manter a programação

Comunicação dirigida escrita na empresa

da empresa, completando as mensagens de outros veículos; transmitir as notícias quando acontecem; divulgar as notícias sociais de qualquer gênero, proporcionando assim maior espaço para outras matérias no jornal interno; expor classificados de forma mais organizada; oferecer cobertura ampla às notícias da empresa; ter uma finalidade até didático-educativa; ser transformado em painel ou *outdoor* em momentos especiais da empresa; incentivar o lazer, turismo e eventos esportivos; ser apoio para campanhas internas.

Definida a finalidade do jornal mural, é preciso encontrar uma localização estratégica para ele, que não seja o relógio de ponto, local por onde o funcionário passa ao chegar ou sair, em ambos os momentos, com pressa. O ideal são as áreas de lazer, salas de descanso, corredores e refeitório. Seu tamanho dependerá do espaço físico de que a empresa dispõe; não há regras fixas. O tradicional são painéis colocados nas paredes, mas podem ser criadas novas formas, como "biombo", onde se tem a oportunidade de utilizar os dois lados. O melhor material para confeccioná-lo é cortiça, que facilita a fixação das matérias. Quanto ao *layout*, conta-se com a criatividade dos profissionais responsáveis, pois é por meio do visual que o funcionário sentirá a primeira atração pelo veículo. Recomenda-se trabalhar com letras que facilitem a leitura, e colocá-lo em uma altura em que os funcionários não precisem se esforçar para lê-lo. Não há necessidade de protegê-lo por vidros para preservar as matérias; mas é preciso "educar" o público a não retirar os assuntos que lhe interessem. Sugerir que recorram ao setor competente em busca de uma cópia, em vez de arrancar do jornal mural o que desejam, é a solução.

É importante que o jornal mural se mantenha atualizado. Para isso, é necessário que algumas matérias sejam trocadas até mesmo diariamente. Esse movimento deve ser feito antes de os funcionários chegarem para a leitura diária. Caso contrário, ocorrerão atropelos, o que desestimulará o leitor.

O jornal mural representa para a empresa ter uma comunicação direta e rápida todos os dias, para todo o público interno, a um custo/benefício satisfatório.

Sua transformação em eletrônico é simples, porém é necessário avaliar se o boletim/jornal não é mais adequado na forma eletrônica que o jornal mural.

Cartaz/*banner*

O valor do cartaz/*banner* bem elaborado está na atração que ele exerce, pelo visual, sobre o público de interesse, tornando-se um veículo importante principalmente para complemento de informações, dentro de um Plano de Comunicação.

O conteúdo de um cartaz/*banner* deve ser proporcional ao seu tamanho e acessível ao público destinatário. Muitas informações em um espaço reduzido mais confundem do que esclarecem.

A letra didática, com ilustrações e cores adequadas, ou o auxílio da informática podem transformá-lo em um eficiente veículo de comunicação com o público interno. Para os outros públicos, embora possa ser utilizado, não é a melhor forma de transmitir informações.

É um veículo eficiente de divulgação que poderá ser transformado em eletrônico com muita facilidade, passando naturalmente por uma adaptação para exercer a mesma atração do convencional.

Caixa de sugestões

A caixa de sugestões consiste em uma caixa (forma e tamanho de acordo com a criatividade) e formulários para serem preenchidos.

Quando utilizada com funcionários (público interno), incentiva a sua criatividade e o interesse em participar da vida empresarial. A empresa, ao ser beneficiada com sugestões, deve retribuir de alguma forma, havendo com isso mais interesse por parte dos funcionários em oferecer realmente boas sugestões. São bons exemplos de prêmios: dinheiro, viagens, bolsas de estudos etc.

Whitaker Penteado (1969, p. 167) aponta como vantagem da caixa de sugestões ser um instrumento de comunicação cujo objetivo é incentivar a participação criadora dos empregados nos empreendimentos industriais, podendo fazer parte de um programa de Relações Públicas. A desvantagem está em uma retribuição injusta a uma sugestão, pois pode ocorrer de o funcionário julgar-se enganado. Nesse caso, quem perde são as Relações Públicas internas da empresa.

Como medida para a fixação de uma retribuição justa, Whitaker Penteado (ibidem, p. 168) menciona soluções encontradas por empresas:

- Fixar um prêmio em dinheiro na base da economia feita, ou do conjunto de vendas efetuadas.
- Patentear a sugestão oferecida, em nome do empregado, e utilizá-la mediante o pagamento de *royalties*.
- Estabelecer um sistema fixo de retribuições pecuniárias, de acordo com o tipo de sugestões recebidas.

- Proporcionar uma bolsa de estudos, ou um estágio no exterior para os empregados que tenham dado as sugestões mais úteis e aproveitadas durante o ano em curso etc.

Muitas vezes, a forma de divulgação, o *layout* e a retribuição são os fatores que tornam a caixa um veículo com crédito ou descrédito.

Um *layout* inspirado no ramo de atividade da empresa é uma estratégia que atrai o público ao qual ela é dirigida. Antecedida de divulgação, de preferência como parte de um programa de Relações Públicas/Comunicação, a caixa de sugestões é um forte veículo de comunicação dirigida, principalmente, ao público interno vinculado e desvinculado, podendo também ser utilizada com o público externo e misto da empresa.

Na forma eletrônica, isso poderá ser feito por meio da internet/intranet/extranet, secretária eletrônica ou ainda outros equipamentos instalados no espaço físico desejado, para digitação por parte do interessado em dar sugestão.

Mala-direta

São folhetos, *folders*, panfletos, *flyers* etc., remetidos pela mala postal. Essas peças quando entregues pessoalmente não devem ser chamadas de mala-direta, mas sim *folder*, folheto etc.

Para Whitaker Penteado (1969, p. 170),

[...] são comunicações escritas, apresentadas em formas reproduzidas e que são evitadas por mala postal. Os tipos mais comuns de mala-direta são: circular, folheto, livreto, prospecto, catálogo, *folder* etc. Os folhetos, *folders*, prospectos, catálogos etc. são utilizados muitas vezes para complementar informa-

Comunicação dirigida escrita na empresa

ções de uma circular. A desvantagem da mala-direta é a dificuldade de se imprimir um caráter estritamente pessoal às informações, reproduzindo, com isso, o seu aproveitamento pelo setor de Relações Públicas, funcionando cada vez mais como instrumento de publicidade comercial e promoção de vendas.

O texto de mala-direta deve ser sincero, amistoso e simpático, com preferência para o tratamento "você". É, geralmente, endereçado a antigos clientes, lembrando da empresa clientes em potencial que pretende conquistar ou pessoas desconhecidas que se procura atingir. Os nomes são encontrados nos catálogos telefônicos ou listas de profissionais especializados. Azevedo (1979, p. 65) menciona que

[...] a mala-direta, quando bem empregada, é uma forma relativamente barata de se atingir públicos determinados. As estatísticas mostram que, quando se trata de venda de um produto qualquer, por meio de correspondência dirigida, os resultados que alcançam, cerca de 2%, poderão ser considerados excelentes.

Segundo Andrade (1993, p. 132), os folhetos, livretos e prospectos são veículos importantes também para contar a história da empresa, e quando têm boa apresentação podem ser conservados pelos recebedores. Essas peças de mala-direta podem ter o *layout* mais variado, dependendo dos públicos a que são dirigidas, das possibilidades da empresa, da criatividade e da finalidade.

A forma impressa dessas comunicações escritas que visam divulgar produtos e serviços ainda permanecerá por muito tempo no mercado devido às dificuldades de alcançar eletronicamente todos os públicos de interesse. Todas essas formas, porém, podem ser remetidas por esse meio.

A vantagem da forma eletrônica sobre a impressa dessas mensagens é o baixo custo da produção e remessa, enquanto a sua desvantagem é a inconveniência de aguardar baixar o arquivo, quando anexado.

Folheto, *folder*, panfleto/*flyer*/volante

Para Matrat (1968, p. 165), os folhetos são publicações periódicas que tratam de um aspecto ou de uma atividade da empresa sem sair do plano geral. Têm por objetivo fornecer dados sobre um tema: uma nova instalação (folheto para cerimônia de inauguração), um aniversário, como o cinqüentenário da empresa (folheto destinado aos visitantes), as atividades sociais da empresa etc.

Hebe Wey (1983, p. 67) informa que os folhetos institucionais são uma apresentação que tem a função de cartão de visita da empresa. Contam a história da empresa e de seus produtos, constituem a literatura sobre a empresa.

Erbolato (1985, p. 154) assim define *folder* e folheto:

> Folder: folheto com uma só folha impressa e dobrada para fins publicitários. Folheto: 1 — publicação de pequeno formato e poucas páginas, 2 — impresso, com dobras ou grampeado, remetido por mala-direta aos possíveis interessados na compra de um produto ou na contratação de determinado serviço.

Para o prof. Erbolato, *folder* e folheto são veículos de comunicação semelhantes, pois *folder*, segundo ele, é um folheto dobrado, e folheto é um impresso que pode ser dobrado ou grampeado.

Andrade (1993, p. 38) é mais claro em sua conceituação: "Folheto: Peça impressa, geralmente de quatro páginas. Publicação de tamanho reduzido e de poucas páginas. *Folder*: folha dobrada impressa com mensagem de promoção de vendas, prospecto de vendas dobrado (quatro páginas)".

Embora, na prática, folheto e *folder* sejam muitas vezes tratados como sinônimos, os autores pesquisados deixam claro que *folder* é constituído de uma só folha dobrada, enquanto folheto consiste em algumas folhas grampeadas.

Panfleto, *flyer* ou volante são peças impressas em apenas uma folha, de tamanho variável.

Todas essas peças quando remetidas por mala postal são chamadas de mala-direta.

A forma eletrônica dessas peças é possível, sendo transformada em mala-direta eletrônica.

Teaser

Há duas formas de elaborar esse tipo de comunicação: em forma de texto e de frases.

Em forma de texto é um comunicado elaborado pela empresa para ser enviado à imprensa, sem intenção de publicação — o que o diferencia do *press-release*, cuja finalidade é a publicação. Tem por objetivo criar um clima de inquietação em quem recebe, no caso o jornalista, chefe de redação, sobre um evento (Relações Públicas) ou produto (Publicidade).

Segundo Lima (1985, p. 73),

[...] costuma-se redigir um *teaser* quando o assunto que se irá divulgar nos dias seguintes não se constituir em notícia ou, pelo contrário, for tema dos mais suculentos para a imprensa. No primeiro caso, ele servirá para criar algum sentido de notícia para a informação. Em relação ao outro, essa peça servirá para ampliar ainda mais a importância sobre o assunto, procurando-se ganhar mais espaço na imprensa nacional.

Em forma de texto, o *teaser* deverá conter de quinze a vinte linhas, ser redigido com características mais publicitárias que jornalísticas e transcrito em papel de carta comercial, possuindo até mesmo alguns elementos dela quanto à estética. É remetido à imprensa, acompanhado preferencialmente de brindes com características pouco convencionais.

Quando elaborado em frases, o *teaser* é muito utilizado com finalidade comercial e institucional em forma de *outdoor*, cartazes e mala-direta com seqüências de frases, em períodos de tempo espaçados.

É importante observar que raramente ele será uma peça isolada, quase sempre fará parte de um Plano de Comunicação.

Sua forma eletrônica é muito adequada para o público interno vinculado e os mistos. Para divulgação de massa, os *outdoors* são mais eficientes.

Press-release (comunicado de imprensa)

É um noticioso preparado especialmente na empresa, que se destina aos órgãos de informação e tem por objetivo a informação pura e simples. Seu aproveitamento pela imprensa depende de seu valor como notícia.

A expedição de *press-releases* por parte da empresa garante aos veículos de comunicação de massa uma fonte de matéria-prima.

D'Angelo Netto, citado por Lima (1985, p. 48), afirma que "o *release* é a melhor coisa do mundo, pois a maioria dos jornais do bairro, como o meu, não têm estrutura para comportar repórteres. As matérias são feitas através de *release*".

Referindo-se à importância do *release* como notícia, Azevedo faz a seguinte citação (1979, p. 69): "Existe uma gíria de redação que expressa o destino dado aos *releases* mal apresentados ou mal elaborados. Eles são encaminhados para a 'cesta seção', que nada mais é do que uma cesta de papéis mais próxima".

Azevedo (ibidem) também argumenta que

> [...] Um jornal tem características bem diferentes de uma rádio ou emissora de TV. Estas últimas devem apresentar seu noticiário de forma sucinta. Em cinco linhas deve estar contida a informação preparada por um editor de rádio ou telejornalismo. [...] Já no caso da imprensa gráfica é comum podermos contar com um espaço que encherá várias laudas. Por esse motivo uma divisão, pelo menos, deverá ser feita. [...] Para os meios gráficos os *releases* poderão ser mais extensos, enquanto que para os auditivos deverão ser mais sucintos.

Para Canilli (1993, p. 101), profissional espanhola, o comunicado de imprensa é a versão modesta da coletiva de imprensa: em vez de convocar os jornalistas, envia-se a eles uma comunicação com as notícias que, presumivelmente, possam interessar. Neste caso, trata-se do uso gratuito dos meios de comunicação tradicionais. O uso do *release* pressupõe que a notícia é de menor importância e não justifica uma convocatória de coletiva. Uma coisa é pedir a alguém que venha à nossa casa para escutar o que temos a dizer, outra é mandar-lhe uma carta.

Os Lloyd (1988, p. 52), referindo-se à importância do *lead* no *press-release*, mencionam:

> Os fatos básicos da sua história deverão aparecer no primeiro parágrafo de seu comunicado de imprensa; seguir-se-á o desenvolvimento. Isso permite ao atarefado chefe ou subchefe de redação ver de relance se a história vale a pena ser impres-

sa. Se o for, podem ter só espaço para o primeiro parágrafo, e se a história não estiver nele poderão nem sequer usá-lo. Se for uma história e puderem arranjar espaço, usarão o resto do material contido no comunicado de imprensa.

Gerson Lima (1985, p. 52) informa que os *press-releases* são quase sempre datilografados em laudas similares às utilizadas pelos jornais, timbradas com o nome da empresa. Possuem 20 a 25 linhas em espaço 2 e 70 toques de largura. Devem ser assinados por jornalistas com registro no Ministério do Trabalho e/ou por Relações Públicas devidamente habilitados.

Quanto à estrutura física da titulação, sugere-se que seja datilografada de forma a poder ser cortada em três linhas sem que cada uma delas ultrapasse os catorze toques. Isso facilitará a adequação da matéria ao espaço. Caso contrário, terá de ser refeita, correndo o risco de não ser publicada.

O título deve ser "quente", resumindo o *lead*. "Quente" naturalmente se refere a ser recente, inédito, verdadeiro, objetivo e de interesse público. O título com verbo de ação no presente é o mais indicado.

Quanto à estrutura física do conteúdo, Gerson Lima (ibidem, p. 55) recomenda:

- Evitar textos com mais de 30 linhas devido a problemas de espaço.
- Fazer parágrafos de 70 toques.
- Pontuar pelo menos duas vezes cada parágrafo; redação simples e clara, frases curtas, com no máximo 25 palavras, de uso correto.
- É aconselhável um intertítulo na primeira lauda, se houver mudança brusca no texto.

- Deve ser informativo, só trazendo opiniões quando forem colocadas por alguém, transformando-o em formador de opinião.
- Deve ser redigido do mais para o menos importante, colocando o *lead* que é formado pelo gancho, acrescido das respostas às seis perguntas clássicas: QUEM? QUÊ? QUANDO? ONDE? COMO? e POR QUÊ?
- Pode a notícia ser analítica (completa), assim configurada: 3Q + O + P + C = NA, ou notícia sintética que apenas informa: QUEM? QUANDO? QUÊ? Assim: 3Q = NS.

Exemplo de Notícia Analítica (NA)
O presidente da empresa ABC, Paulo Dias..........Quem
recebeu o título de cidadão campinense ....Quê
ontem ....Quando
na Câmara Municipal...Onde
em virtude de serviços prestados à ecologia........Por quê

Exemplo de Notícia Sintética (NS)
Paulo Dias..Quem
receberá em dezembro ....Quando
o título de cidadão campinense ....Quê

Ao se pensar no gancho, deve-se ter em mente o principal público que se quer atingir, que são quatro, no caso do *release*.

O primeiro é o jornalista. É ele quem vai decidir sobre a publicação ou não do texto em seu jornal. Outro público é o diretamente interessado no assunto; outro é o público potencial, aquele que poderá ter interesse pelo assunto. A seguir, as demais pessoas formam outro público; este pode não ter qualquer ligação com o assunto, apesar de se interessar como simples leitor.

Com o texto, deve-se tentar envolver os quatro públicos de interesse, de acordo com a sua parcela de importância.

No caso do público jornalista, o enfoque deve ser dado conforme a editoria na qual ele atua, diz Lima (1985, p. 57), citando os seguintes exemplos:

1. Lead *de notícia promovendo escola, enviado à editoria de Educação.*

"Com a participação de professores e universitários de todo o país (gancho), tem início amanhã (10) (Quando), o X Congresso Nacional de Docentes de Pós-Graduação (O quê), promovido pela Faculdade Modelo (Quem), em Pirapora (Onde). O encontro será realizado nas dependências da escola, diariamente, com painéis pela manhã e mesas-redondas à tarde (Como)."

2. Lead *da mesma notícia, porém com angulação para a editoria Local ou de Política.*

"O ex-exilado Roberto Pereira (Gancho, que no caso também é Quem) abre amanhã (10) (Quando), em Pirapora (Onde), o X Congresso Nacional de Docentes de Pós-Graduação (O quê), promovido pela Faculdade Modelo (Quem), em suas próprias dependências. As reuniões serão realizadas diariamente, com painéis pela manhã e mesas-redondas à tarde (Como)."

O nome da empresa emitente no texto do *release* é uma forma velada de fazer publicidade institucional. Isso é feito colocando afirmações em nome do porta-voz da empresa; nesse caso, pelo menos uma vez a publicação ocorrerá.

Exemplo: "O porta-voz da empresa X disse que...".

Em um contato direto Relações Públicas/Assessor de Imprensa com o jornalista que recebeu o *release*, talvez seja

Comunicação dirigida escrita na empresa

possível conseguir a publicação do conteúdo do *release* mesmo que as informações não sejam mencionadas integralmente. Nessas circunstâncias, evidentemente existe sempre a possibilidade de que o objetivo não seja alcançado (Gerson Lima, ibidem, p. 58).

Quanto à redação, sempre que se for colocar a função de alguém no texto, ela deve preceder o nome da pessoa, a não ser que ele seja conhecido do leitor. A função deverá ser escrita em caixa-baixa (minúsculas). Exemplos:

1 — O presidente da Indústria X, Paulo Soares, comunicou ontem...

2 — Antonio Ermírio de Moraes, presidente da Indústria X, disse ontem...

Os cargos são colocados em caixa-alta (maiúscula). Exemplo:

1 — A Gerência de Comunicação, a partir de...

Outras orientações podem ser obtidas em manuais de redação adotados pelas empresas jornalísticas, e que variam de uma para outra.

Quanto ao sistema de distribuição (ibidem, p. 59-61), varia de acordo com a localização da assessoria encarregada, mas, basicamente, o sistema funciona por meio de *mailing-list* atualizado dos veículos de comunicação.

Mailing-list é uma relação de todos os nomes, endereços e outros detalhes de determinado público de interesse da empresa. Dele deverão constar todos os órgãos de comunicação social, com ficha completa, desde nomes dos profissionais até periodicidade do veículo.

Meios: fax e e-mail.

141

A medição do retorno, *clipping*, é feita diariamente com a leitura dos jornais e recorte das matérias.

Quanto à análise da importância do recorte, no Brasil, os critérios ainda são superficiais, dando-se valor ao conteúdo, ao veículo em que foi publicado e ao tamanho ocupado pela matéria.

O público dessa comunicação dirigida escrita é o externo, isto é, imprensa em geral.

Esse veículo tem na forma eletrônica total aplicabilidade, dadas as características de seu destinatário.

Boletim de empresa

É um *house-organ* com poucas páginas e acabamento simples, geralmente dos próprios funcionários, portanto uma comunicação de baixo para cima. *House-organs* são publicações internas da empresa (boletins, jornais, revistas) que têm a finalidade de integrar melhor os seus públicos. Há outros que preferem o termo "periódico da empresa" para referir-se a essa publicação.

Torquato Rego (1986, p. 45) menciona as seguintes características entre os *house-organs*:

Boletim
Periodicidade: pequenos intervalos entre as edições.
Atualidade: próprio para informações imediatas.
Universalidade: por ter poucas páginas, apresenta poucos temas.
Difusão: exige rapidez.

Jornal
Periodicidade: deve estar entre a periodicidade do boletim e da revista.

Atualidade: os fatos serão tratados de forma a não perder a atualidade durante o intervalo das edições.

Universalidade: apresenta maior número de temas que o boletim.

Difusão: deve completar-se entre a conclusão de produção de uma edição e o início da programação da outra.

Revista

Periodicidade: pelo grande número de páginas, apresenta intervalos mais espaçados entre as edições.

Atualidade: deve evitar informações urgentes, imediatas e apresentar um conteúdo de interesse permanente.

Universalidade: o número de páginas amplia o universo do conteúdo.

Difusão: por sua natureza, permite um esquema de difusão mais demorado.

Estabelecidas as características dessas publicações, podemos afirmar que o boletim é a mais elementar delas, sendo válido que se apliquem na sua elaboração as mesmas técnicas utilizadas para o jornal e a revista. Portanto, apresentaremos essas técnicas de elaboração ao mencionar o jornal.

A forma eletrônica é adequada principalmente para o público interno vinculado.

Jornal de empresa

Chamado também de *house-organ,* jornal interno e periódico, constitui uma das publicações do jornalismo empresarial de maior expressão. Neste livro usaremos o termo "jornal de empresa" para evitar estrangeirismos.

Para Canilli (1993, p. 103), em uma visão da realidade espanhola, os boletins são publicações periódicas, planejadas e realizadas mais para o público interno que para o externo das organizações. Geralmente, contém notícias e informações para os empregados, os acionistas, os vendedores, os concessionários, os distribuidores etc.

No enfoque de Canilli, o boletim parece ter características para a realidade brasileira, de jornal de empresa, pois atinge também o público misto.

Black (1991, p. 100) argumenta que um dos meios mais consolidados de Relações Públicas é a publicação da empresa. O valor dos jornais da empresa para promover boas Relações Públicas, tanto interna como externamente, é demonstrado pelo rápido aumento do seu número. Só no Reino Unido, segundo dados de 1991, há mais de 1.800 jornais de empresa.

Assim, Black (ibidem) define essa publicação: "habitualmente, jornal da empresa é uma publicação periódica sem fim de lucro, editada por uma organização para manter contato com seus públicos. Os jornais variam de tamanho e estilo. São editados para a leitura interna, para distribuição externa, ou para uma combinação de ambas".

Turner (1989, p. 110) afirma que, na Inglaterra, uma infinidade de empresas editam jornais de empresa com o propósito básico de distribuí-los entre seu pessoal; por conseguinte, deve-se crer no seu valor.

Teobaldo de Souza Andrade (1993, p. 133) ensina que

[...] esse tipo de veículo de comunicação dirigida tem como objetivo: 1) explanação das políticas e diretrizes da empresa; 2) informações a respeito dos processos de trabalho; 3) humanização das atividades da empresa por meio de notícias relativas ao seu pessoal; 4) promoção de campanha de segurança e de interesse geral; 5) interpretação do papel da empresa na comunidade; 6) melhoria do moral dos empregados; 7) facilidade de compreensão e respeito mútuo entre as empresas e seus públicos.

Wey (1983, p. 67) diz que "as publicações empresariais servem a uma organização, apresentam matérias detalhadas, de interesse da empresa, e que não seriam encontradas nas seções de economia dos jornais informativos. Divulgam informações sobre a política da empresa, sobre seus produtos, seus trabalhos e suas perspectivas".

O jornal empresarial pode ser destinado ao público interno e externo. Elaborar um jornal com características para esses dois públicos dependerá de que eles tenham alguns interesses comuns; algo raro, mas não impossível. O público misto também poderá ser seu destinatário.

Regra geral, o jornal de empresa destina-se, quase sempre, ao público interno vinculado e desvinculado da empresa, e há casos em que substituem até mesmo os boletins.

Sua aceitação como veículo de comunicação dirigida escrita para o público interno é maior quando reúne pontos de vista dos funcionários e da diretoria, e esta, às vezes, reduz a sua participação a quase só o editorial, nas versões atuais de um jornal de empresa.

Além de passar informações sobre a empresa, o jornal propicia a integração e valorização do público interno, fazendo que ele se sinta parte integrante da empresa.

Sua elaboração requer um planejamento que defina: linha editorial, formato, tiragem, periodicidade, circulação, produção, pauta, utilização de cores, tipo de papel. Sem planejamento, as dificuldades que surgirão em decorrência da improvisação levarão à sua extinção logo após os primeiros números.

O planejamento não deve ser, portanto, uma atividade de programar a edição periódica da publicação. Planejamento significa o encaixe e o ajuste dos projetos jornalísticos no contexto das políticas da empresa.

Devem as publicações, em geral, integrar a política global de comunicação de empresa, exigindo, portanto, a programação de todos os fatores componentes de um projeto: estabelecimento de objetivos, verbas, prazos, cronogramas, natureza técnica do projeto, definição de estruturas de comando e ação participativa em sua realização, estabelecimento de etapas de acordo com a escala de prioridades etc.

O planejamento deverá ainda levar em consideração características de empresa: ambiente, público, estruturas de comando, linhas de produção, diferenças socioculturais, locomoção e comportamento dos grupos no ambiente, além das inter-relações existentes entre essas variantes do sistema empresarial.

O conteúdo apresentado, didaticamente, a seguir, nos dá a visão global da elaboração de um jornal de empresa em todas as suas fases.

Planejamento editorial — etapas

1. Pauta: é necessário discutir os assuntos, escolher os mais importantes e determinar o enfoque a ser dado a cada um. A seguir, se decide como as matérias vão ser tratadas. É importante observar que as matérias dividem-se em:

- Notícia: é uma informação que se dá sem comentar ou opinar.
- Editorial: é a posição do jornal sobre determinado assunto que merece destaque. Não deve ter assinatura, pois trata-se da opinião do jornal.
- Artigo: é a opinião — assinada — de alguém sobre um assunto que pode até discordar de quem faz o jornal.
- Entrevista: é a opinião de alguém importante sobre um ou vários assuntos.

- Reportagem: é a descrição de um fato ou acontecimento presenciado ou pesquisado por um repórter.
- Coluna: é assinada pelo seu autor que discorre sobre determinado assunto.
- Resenha crítica: faz uma análise de assuntos culturais (peças teatrais, discos, livros etc.).
- Caricatura: representação de fatos com sátira, do ponto de vista do autor.
- Carta do leitor: é a opinião do leitor sobre as matérias do jornal, por ele mesmo.
- Outras seções: passatempos, horóscopos, palavras cruzadas etc.

2. *Fechamento*: é o recolhimento, exame e distribuição das matérias, observando-se que, na redação, as frases devem ser curtas, procurando não repetir a mesma palavra em um só parágrafo.

Os artigos, editoriais, reportagens etc., ou seja, as matérias que refletem a opinião de alguém ou uma descrição pessoal de fatos ou acontecimentos, não têm um modelo a seguir, dependem da maneira de cada um escrever. Porém, as notícias, que são impessoais, devem ser abertas por um *lead*, isto é, o primeiro parágrafo que resume toda matéria.

O título deve ser escrito com o verbo no presente. O título principal poderá ter antetítulo, subtítulo e olho, assim:

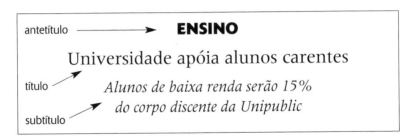

- Olho: chamada para a matéria principal em forma de texto. Faz síntese do principal de um texto longo.

> ## Ações de RS salvam vidas
> A parceria do público com o privado tem auxiliado famílias da periferia das grandes cidades a viver com dignidade

- Box: pequeno texto tarjado, colocado em um texto maior.
- Suíte: é a matéria reescrita, acrescentando mais informações.

3. *Edição e diagramação*: é a revisão, colocação de título e elaboração do "boneco" ou modelo de como vai ficar. Começa-se a disposição da matéria pelas páginas do jornal.

Em um jornal de quatro páginas, na primeira ficam as principais manchetes e as chamadas para as matérias internas.

O editorial também pode ficar na primeira página se for bem "quente", isto é, muito importante.

A página 2 é a mais "fria": aqui ficam as seções de cartas, matérias curtas, agenda, expediente etc. Normalmente, o editorial fica nessa página.

A página 3 é nobre, como, aliás, as páginas ímpares em geral. Nelas são colocadas as reportagens e as notícias de peso.

A página 4, de fundo, é importante porque é a última. Contudo, por ser par, é sempre mais "fria". Deve conter artigos, entrevistas, assuntos para ler com mais calma.

São, portanto, as páginas ímpares as "quentes" e as pares, as "frias".

Expediente: nele serão colocados o nome da empresa responsável pelo jornal, seu endereço, os nomes de quem nele trabalha, a gráfica que imprimiu e a data de publicação. É, geralmente, colocado na página 2.

4. *Composição*: compor as matérias é passar os textos para o papel que formará as colunas do jornal.

5. *Arte-finalização*: é a montagem das matérias, colocação de fotos, títulos, ilustrações e emendas. As fotos e ilustrações grandes devem ser colocadas em cima do texto e nunca embaixo. Quando se tem mais de uma ilustração por página, elas não devem ficar juntas uma da outra. A arte-finalização é feita em papel espelho. Depois de escolhido o formato do jornal, traça-se um retângulo na folha; essa área interna chamada mancha de impressão é onde se faz toda a diagramação do jornal.

6. *Impressão*: no sistema *off-set*, a arte-final do jornal é fotografada, daí se faz um fotolito, que é uma espécie de negativo de fotografia.

Esse fotolito, por meio de processo químico, é gravado em uma chapa de zinco especial, a qual, por sua vez, é colocada sobre o rolo da máquina impressora recebendo a tinta e imprimindo no papel.

Suas grandes vantagens são rapidez, qualidade de impressão, maior número de recursos gráficos: várias cores, ampliação e redução dos títulos, ilustração no fotolito etc.

É importante, também, acrescentar que já estão em pleno uso os meios informatizados para a produção de jornais impressos, o que vem facilitar e simplificar em muito a sua elaboração.

7. *Distribuição*: é o total dos exemplares efetivamente distribuídos de cada edição do jornal, cujo resultado deve ser observado.

Outros aspectos

Regularidade: para adquirir importância e credibilidade, o jornal ou boletim tem de sair regularmente (mensal, bimestral ou semanalmente).

Equipe permanente: deve existir um corpo redatorial fixo, de elementos da empresa. Além disso, essa equipe poderá solicitar a colaboração de funcionários da empresa ou de pessoas a ela ligadas para a remessa de matérias a serem introduzidas no jornal.

Seções do jornal: editorial, palavra do funcionário, problemas empresariais, seção sindical, entrevistas, sociais, esporte, teatro, cinema, palavras cruzadas, vida feminina, infantil, curiosidades, charadas, atualidades etc. Evidentemente, após conhecer o público interno e a filosofia da empresa é que se determinarão as seções mais adequadas para o seu jornal.

Critério de seleção: a própria política empresarial definirá o critério de seleção do material.

Primeiro número: este deverá sempre sair com o número 0 (zero), é uma experiência. Somente depois sai o número 1.

Peculiaridades regionais: é importante levar em consideração as peculiaridades regionais naqueles casos em que a empresa tem filiais em várias regiões do país. Hábitos e costumes de quem mora em Manaus são diferentes dos de quem mora em São Paulo, e muito mais ainda dos de quem reside em Porto Alegre, por exemplo. Se esses aspectos não forem levados em conta, o jornal terá grande aceitação em apenas uma dessas regiões.

Avaliação: para manter a qualidade editorial é necessário avaliar o interesse do leitor. Em uma empresa de pequeno e médio porte é possível fazer essa avaliação por meio de perguntas informais. Existem, porém, outras formas como: pesquisa por amostragem, ou uma consulta a todos mediante questionário distribuído na empresa.

A forma eletrônica pode ser feita em forma de texto corrido, anunciando de início o conteúdo daquele número, ou mais elaborada, com ilustrações e cores.

Dependerá do interesse e dos recursos de quem emite o veículo.

Revista de empresa

As revistas são publicações editadas pela empresa com o objetivo de divulgar suas atividades. Entre os veículos empresariais, é o mais sofisticado. Possui maior número de páginas, visual atraente, e possibilita a veiculação de matérias mais amplas.

Sua política editorial deve seguir as políticas da empresa que representa e os objetivos da política de Relações Públicas.

Para que a qualidade editorial seja mantida, é necessário avaliar o interesse do leitor com certa freqüência.

As formas para tal edição podem ser: pesquisa por amostragem, pesquisa entregue com o exemplar, lapsos propositados, ou, ainda, informantes que dialoguem com o público recebedor da revista.

Não resta dúvida de que, para o caso da revista, um veículo na maioria das vezes dirigido só ao público externo, a pesquisa por amostragem é a mais adequada.

O tipo de papel utilizado, a qualidade da impressão são fatores que atraem os públicos. Decorre disso a necessidade de adequar esses aspectos ao público de interesse; caso contrário, pode-se ter uma reversão de expectativas.

Como o boletim e o jornal, a revista precisa manter a sua periodicidade, pois sem ela não se fixa imagem e, conseqüentemente, não se forma conceito. No caso da revista, um veículo mais sofisticado, a periodicidade é mais ampla, podendo ser mensal, bimestral ou trimestral.

Com relação à tiragem, é preciso levar em consideração os públicos aos quais se destina: especificamente para o interno ou externo, ou, ainda, externo e misto. Isso dependerá dos objetivos aos quais a revista se propõe. Entretanto, é preciso que se mantenha um arquivo atualizado desses públicos de interesse.

Canfield (1970, p. 227) menciona que "a feição dos periódicos de Relações Públicas, inclusive formato, número de páginas, capa, impressão a cores e paginação variam de acordo com os seus objetivos, volume de leitores, verba disponível e conteúdo da revista".

Nos tempos atuais, podemos dizer que a verba tem sido sério fator condicionante para a publicação de revistas empresariais.

O seu conteúdo deve refletir os assuntos de interesse da empresa do público a que se destina a publicação. Observando-se, ainda, que a eficiência da publicação depende muito mais do interesse do público leitor.

Como mencionamos ao reportar-nos ao jornal, para revistas também se trabalha com o planejamento editorial, cujas regras são as mesmas.

A revista é destinada preferencialmente ao público externo, podendo também ser elaborada para os outros públicos.

Sua forma eletrônica é bem-aceita pelos públicos destinatários por meio da internet (site) e/ou intranet e extranet da

Comunicação dirigida escrita na empresa

organização. A política empresarial e os recursos determinarão a qualidade material do veículo.

Newsletter (carta informativa)

São cartas informativas, na tradução literal, e significam uma publicação da empresa destinada a seus públicos de interesse.

Whitaker Penteado (1969, p. 169) afirma que as *newsletters* conferem à empresa um *status* que projeta a imagem de certo dinamismo, do seu espírito atualizado e da importância dos assuntos pelos quais se interessa, ao levá-los à informação pública. Mas a apresentação dessas cartas informativas e o nível do seu noticiário restringem o seu uso apenas às grandes empresas que podem dispor de pessoal qualificado e à altura das necessidades da coleta de informações e apresentações gráficas, ou possuem verbas para contratar serviços externos.

Erbolato (1985, p. 220) define essa publicação como "boletim com informações ou mensagens, destinadas a um público específico".

Hebe Wey (1983, p. 69) se reporta a *newsletter* como "o noticioso em forma de carta".

Teobaldo de Souza Andrade (1978, p. 122) define esse veículo como: "*newsletter*, Carta de notícias, noticioso em forma de carta".

Essas publicações são impressas em papel de boa qualidade e devem apresentar excelente apresentação gráfica.

Trata-se de uma publicação mais sofisticada da empresa para determinado público de interesse. É semelhante ao boletim, diferenciando-se pelo conteúdo e público ao qual se destina.

Esse veículo tem na forma eletrônica total aplicabilidade, dadas as características de seu destinatário.

Relatório público anual (financeiro)

É um veículo de comunicação dirigida, em que a empresa faz uma prestação de contas de suas atividades aos públicos de interesse. Na atualidade, deixam de ser apenas balancetes para se transformar em verdadeiros trabalhos de artes, em decorrência das empresas reconhecerem que a finalidade do relatório não é apenas cumprir um dispositivo legal, mas também transmitir um panorama da empresa.

Atualmente, os relatórios têm a parte financeira colocada em linguagem clara e adequada ao público que muitas vezes não domina as técnicas das finanças; informações sobre o desempenho anual da empresa; suas perspectivas futuras etc. — tudo acompanhado de ilustrações e gráficos.

Há aquelas empresas que inovaram muito mais. Adotam para cada ano um tema e desenvolvem todo o relatório em cima dele. Torna-se, com isso, suficientemente atraente para ser guardado após sua leitura.

O público prioritário do relatório é o composto pelos acionistas que têm a oportunidade de manter maior aproximação com a empresa por meio desse veículo de comunicação. Entretanto, ele pode ser remetido ao público externo (imprensa, instituições bancárias, órgãos governamentais) e ao público misto (fornecedores e distribuidores).

Para Teobaldo de Souza Andrade (1993, p. 136),

as empresas privadas utilizam-se, em geral, dos relatórios como veículo de comunicação dirigida aos seus investidores adotando hoje verdadeiras técnicas de Relações Públicas no sentido de transformá-los em meio de comunicação com esse tipo de público. Isto, no entanto, não quer dizer que os relatórios não possam também ser dirigidos para outras espécies de público. Algumas empresas têm apresentado relatórios feitos especialmente para o público interno, embora em caráter experimental. Acredita-se que esse novo tipo de relatório não venha a se firmar, desde que nos parece mais valioso que ele – como uma publicação da empresa – deva voltar-se para todos os públicos.

Whitaker Penteado (1969, p. 165) considera o relatório um dos poucos instrumentos específicos de Relações Públicas, afirmando que a sua finalidade é, principalmente, a de informar certos públicos de interesse da empresa e, por meio da informação, fazer Relações Públicas. Alega o autor que, por norma, relatórios são feitos para pessoas importantes; e receber, portanto, um relatório é um reconhecimento dessa importância que a pessoa tem para a empresa. É um instrumento flexível que oferece amplas possibilidades de exposição, dado o seu volume. A própria apresentação gráfica do relatório já pode constituir, sob certos aspectos, uma projeção de imagem favorável da empresa.

Tradicionalmente, os relatórios anuais abordam os seguintes aspectos: mensagem de administração; diretrizes empresariais; caracterização da empresa; destaque no mercado; operações de pessoal; infra-estrutura administrativa; mercado de ações; avisos de assembléias anuais; e/ou outros itens decorrentes das especificidades da empresa. Quanto à apresentação, deve ser legível, atraente e agradável.

Teobaldo de Souza Andrade (1993, p. 136) apresenta como características gerais do relatório: clareza, exatidão, concisão, tempestividade, pertinência, ilustração e atração.

Para Black (1991, p. 168), a versão final de um relatório anual é o resultado de consenso diretivo, porém geralmente o profissional de Relações Públicas tem oportunidade de decidir a produção final. No passado, alguns relatórios anuais ocultavam mais que revelavam; porém, as leis da sociedade anônima têm obrigação à transparência, chegando a ser uma norma aceita em muitas organizações que o relatório anual impresso seja utilizado como instrumento de Relações Públicas. Entretanto, não é de boa política apresentar um relatório anual ostentoso se o balancete revela *déficit* no exercício anual. Pela posição dos autores citados, podemos concluir que um relatório anual quando bem elaborado e estrategicamente distribuído passa a constituir um eficiente veículo de Relações Públicas para a empresa. Os relatórios que mencionamos como trabalhos de arte não são uma realidade em todas as empresas que fazem o relatório anual. Há ainda aqueles relatórios que se resumem a publicações em jornais. Exemplos a serem seguidos são os da Sambra, Bradesco, Copersucar, CPFL, entre outras, que têm em seus bastidores departamentos de Relações Públicas supervisionando esse trabalho.

Um dos relatórios do Bradesco, que destaca estados e cidades brasileiras por meio de fotos, teve durante dois meses uma equipe que percorreu o Brasil em busca de imagens que pudessem ser utilizadas da forma mais natural possível, retratando as características e os costumes da região, com o Bradesco presente. O resultado são fotos com habitantes da própria localidade que valorizam a região e marcam a presença do banco. Elas são acompanhadas de legendas elaboradas em literatura de cordel. Foram feitas duas edições — uma em inglês e outra em português —, distribuídas ao mercado financeiro, acionistas e conglomerados internacionais com os quais o banco mantém contato. O relatório mostra o desempenho do grupo no ano anterior, destacando a atuação nacional e sua participação na vida comunitária.

Sua forma eletrônica pode ser produzida em CD-ROM e/ou colocada no site da organização, mantendo-se a estrutura do impresso.

Relatório social

As organizações utilizam esse veículo de comunicação dirigida com a finalidade de apresentar a seus públicos de interesse as ações de responsabilidade social/ambiental por elas desenvolvidas. Deve ser feito em material de boa qualidade e com ilustrações, tendo como conteúdo: apresentação, resumo do histórico da organização, ações de responsabilidade social/ambiental realizadas e balanço social em números.

Esse conteúdo poderá fazer parte do relatório público anual; poderá ser produzido separadamente e encaminhado junto, em uma mesma embalagem, ou ainda ser produzido e remetido separadamente. Quando encaminhado na mesma embalagem, o histórico poderá ser suprimido.

Sua forma eletrônica é de fácil aplicação por meio do site, CD-ROM, internet, intranet e extranet. A simplicidade ou sofisticação do veículo dependerão do investimento que a organização quer realizar nele.

Livro de empresa

O primeiro exemplo de livro de empresa no Brasil é mencionado por Whitaker Penteado (1969, p. 177), citando o livro publicado por Mauá e Companhia, em forma de autobiografia, com o título *Exposição do Visconde de Mauá aos Credo-*

res de Mauá e Companhia ao Público, no ano de 1878, quando a empresa passou por sérios problemas financeiros. O respeito à opinião pública e à autenticidade do seu depoimento justifica, diz o autor, que se coloque o nome de Irineu Evangelista de Souza, o visconde de Mauá, entre os pioneiros das Relações Públicas no mundo; embora isso tenha ocorrido em uma época em que elas ainda não existiam como atividade diferenciada. A Rhodia, em 1986, iniciou a elaboração desse veículo de comunicação, tratando-o de *Livro Anual*. Ele tem temática definida e a empresa está compondo uma coleção que considera inédita e valiosa. O tema do projeto cultural é "Arte Popular Brasileira" e os volumes focalizam instrumentos musicais brasileiros, danças populares brasileiras etc. O livro é oferecido como brinde de final de ano ao público de interesse da empresa.

Outro exemplo recente de livro de empresa é o do Grupo Abril, que ofereceu a seus leitores um bonito exemplar, por ocasião do jubileu de prata da revista *Veja*. Em forma de textos diversos, intitulado *Reflexões para o Futuro*, a Abril homenageia o seu público leitor assinante. O livro do Sesi, publicado e distribuído em 1993, mostra o seu perfil institucional apresentando os serviços e benefícios que oferece aos industriários e seus dependentes. É, enfim, o relato do relevante papel da iniciativa privada no campo social.

Como podemos observar, mencionamos quatro maneiras diferentes de elaborar um livro de empresa quanto ao conteúdo. A primeira é uma autobiografia; a segunda focaliza a arte popular brasileira; a terceira mostra uma coletânea de textos de consagrados escritores; e a quarta focaliza o perfil institucional da empresa.

Quanto à forma, o livro de empresa pode ser realmente um livro com todas as características que tal publicação exige, ou publicação de tamanho maior, com projeto gráfico arrojado.

Quanto à periodicidade, o livro da empresa pode ser anual ou esporádico, isto é, momentos especiais na vida da empresa.

Eletronicamente pode ser feito em CD-ROM e distribuído aos públicos de interesse, principalmente das grandes organizações e/ou colocado no site e impresso pelo interessado.

MODELOS DE COMUNICAÇÃO ESCRITA IMPRESSA E ELETRÔNICA

Na seqüência, são apresentados modelos de COMUNICA-ÇÃO ESCRITA, na forma IMPRESSA e ELETRÔNICA. A forma impressa é enviada aos públicos de interesse por meio dos serviços dos CORREIOS/FAX. A eletrônica, por meio dos serviços da INTERNET.

A escolha do tipo de serviço para envio das comunicações, tanto do correio como da internet, é feita de acordo com a adequação do conteúdo aos serviços disponíveis por ocasião do preparo dessas comunicações, principalmente em relação à internet, pois com freqüência há atualização dos seus serviços.

1. Carta comercial
Forma: impressa
Público de interesse:
- misto desvinculado
- interno desvinculado
- externo
Remessa:
- por correio, fax (misto desvinculado)

- por correio, malote (interno desvinculado)
- por correio, fax (público externo)

2. Carta comercial
Forma: eletrônica
Público de interesse:
- externo
- misto desvinculado
Remessa:
- pela internet (externo)
- pela intranet (misto desvinculado)

Obs.: Requer que o receptor tenha a mesma configuração para manter a estética; caso contrário, será necessário anexar. Se for anexar, há a opção de enviar o modelo impresso.

3. Memorando
Forma: impressa
Público de interesse:
- interno vinculado
- misto vinculado

Remessa: por malote, pessoal, mensageiro (público interno vinculado e misto vinculado)

4. Memorando
Forma: eletrônica
Público de interesse:
- interno vinculado
- misto vinculado
- misto desvinculado

Remessa:
- pela intranet (público interno vinculado e misto vinculado)
- pela extranet (público misto desvinculado)

Comunicação dirigida escrita na empresa

5. Ofício

Forma: impressa

Público de interesse:

- interno vinculado
- misto vinculado
- externo

Remessa:

- por malote, *office-boy*, fax (público interno vinculado e público misto vinculado)
- por correio, fax (público externo)

Obs.: Para público externo, acrescentar ao cargo o nome da empresa/organização.

6. Ofício

Forma: eletrônica

Público de interesse:

- interno vinculado (somente das empresas públicas)
- misto desvinculado (somente das empresas públicas)
- externo

Remessa:

- pela intranet (público interno vinculado)
- pela intranet (público misto desvinculado)
- pela internet (público externo)

Obs.: Requer que o receptor tenha a mesma configuração; caso contrário, será necessário anexar. Se for anexar, há a opção de enviar o modelo impresso.

7. Circular

Forma: impressa

Público de interesse:

- interno vinculado
- misto vinculado
- misto desvinculado

- externo

Remessa:
- por malote, *office-boy*, fax, pessoal (público interno vinculado e misto vinculado)
- por correio/fax (público misto desvinculado)
- por correio (público externo) quando for utilizada como conteúdo de mala-direta

8. Circular

Forma: eletrônica
Público de interesse:
- interno vinculado
- misto vinculado
- misto desvinculado

Remessa:
- pela intranet (público interno vinculado)
- pela intranet (misto vinculado)
- pela extranet (público misto desvinculado)

Obs.: Requer que o receptor tenha a mesma configuração; caso contrário, será necessário anexar. Se for anexar, há a opção de enviar o modelo impresso.

9. Requerimento

Forma: impressa
Público de interesse: externo (apenas para o setor público)
Remessa: pessoalmente, mediante recebimento de protocolo

10. Requerimento

Forma: eletrônica (só será possível se houver autorização formal e pública do setor público)
Público de interesse: externo (somente para o setor público)

Remessa: pela internet

Obs.: Requer que o receptor tenha a mesma configuração; caso contrário, será necessário anexar. Se for anexar, há a opção de enviar o modelo impresso.

11. Correio eletrônico (e-mail)

Forma: somente eletrônica

Público de interesse:

- interno vinculado
- interno desvinculado
- misto vinculado
- misto desvinculado
- externo

Remessa: por internet, intranet e extranet

12. Telegrama

Forma: impressa

Público de interesse:

- interno vinculado
- interno desvinculado
- misto vinculado
- misto desvinculado
- externo

Remessa: por correio (pessoalmente ou por telefone)

13. Fax (fac-símile)

É o instrumento por meio do qual se remete a todos os públicos de interesse a cópia de qualquer material impresso.

14. Barra de holerite

Forma: impressa

Público de interesse:

- interno vinculado

- interno desvinculado
Remessa: pessoalmente

15. Barra de holerite
Forma: eletrônica
Público de interesse: interno vinculado
Remessa: pela intranet
Obs.: Não será denominada "Barra de holerite", e sim "Barra de informações", "Conecte-se" etc. O emissor poderá ainda optar por outra forma de comunicação para transmitir essas mensagens. Caso utilize ilustrações, usar o serviço adequado disponível.

16. Manual de integração
Forma: impressa
Público de interesse:
- interno vinculado
- misto desvinculado
Remessa: pessoalmente

17. Manual de integração
Forma: eletrônica
Público de interesse:
- interno vinculado
- misto desvinculado
Remessa:
- pela intranet (público interno vinculado)
- pela intranet (público misto vinculado)
Obs.: Caso utilize ilustrações, usar o serviço adequado disponível.

18. Quadro de avisos
Forma: impressa
Público de interesse:
- interno vinculado

Comunicação dirigida escrita na empresa

- misto desvinculado
Remessa: afixação em local estratégico

19. Quadro de avisos
Forma: eletrônica
Público de interesse:
- misto vinculado
- misto desvinculado
Remessa:
- pela intranet (público interno vinculado)
- pela intranet (público misto vinculado)
- pela extranet, com outro conteúdo
Obs.: Caso utilize ilustrações, usar o serviço adequado disponível.

20. Jornal mural
Forma: impressa
Público de interesse:
- interno vinculado
- público misto vinculado
Remessa: afixação em local estratégico

21. Jornal mural
Forma: eletrônica
Público de interesse:
- interno vinculado
- público misto vinculado
- misto desvinculado
Remessa:
- pela intranet (público interno vinculado)
- pela intranet (público misto vinculado)
- pela extranet (público misto desvinculado)
Obs.: Caso utilize ilustrações, usar o serviço adequado disponível.

165

22. Caixa de sugestões

Forma: física
Público de interesse:
- interno vinculado
- misto vinculado
- externo (dependerá do ramo de atividade da empresa)

Remessa: exposição em local estratégico

23. Caixa de sugestões

Forma: eletrônica
Público de interesse:
- interno vinculado
- misto vinculado
- misto desvinculado
- externo

Remessa:
- pela intranet (público interno vinculado)
- pela intranet (público misto vinculado)
- pela extranet (público misto desvinculado)
- pela internet (público externo)

Obs.: Caso utilize ilustrações, usar o serviço adequado disponível.

24. Mala-direta

Público de interesse: todos

Obs.: É a forma pela qual se remetem informações (pelo correio), embora seja comum chamar-se de mala-direta qualquer *folder*, folheto, *flyer*, panfleto, volante, entregues pessoalmente ao destinatário.

25. Folheto, *folder*, panfleto/*flyer*/volante

Forma: impressa

Público de interesse:

- interno vinculado
- misto vinculado
- misto desvinculado
- externo

Remessa:

- por malote/pessoalmente (público interno vinculado)
- por malote/pessoalmente(público misto vinculado)
- pelo correio/pessoalmente (público misto desvinculado)
- pelo correio/pessoalmente (público externo)

Obs.: Quando remetidos pelo correio tornam-se folheto, *folder*, *flyer*/panfleto/volante por mala-direta.

26. Folheto, *folder*, panfleto/*flyer*/volante

Forma: eletrônica

Público de interesse:

- interno vinculado
- misto vinculado
- misto desvinculado
- externo

Remessa:

- pela intranet (público interno vinculado)
- pela intranet (público misto vinculado)
- pela extranet (público misto desvinculado)
- pela internet (público externo)

Obs: Caso utilize ilustrações, usar o serviço adequado disponível.

27. *Press-release*

Forma: impressa

Público de interesse: externo (imprensa)

Remessa: por fax, correio, pessoalmente

28. Press-release
Forma: eletrônica
Público de interesse: externo (imprensa)
Remessa: pela internet

29. Teaser (em três fases)
Forma: impressa
Público de interesse:
- interno vinculado
- misto vinculado
- externo

Remessa:
- *indoor*, cartaz, jornal mural (público interno vinculado e misto vinculado)
- *outdoor*, *bus-door*, jornais e revistas (público externo)

Obs.: Esta é uma forma de utilização também do cartaz/*banner*.

30. Teaser (em três fases)
Forma: eletrônica
Público de interesse:
- interno vinculado
- interno desvinculado
- misto vinculado
- misto desvinculado
- externo

Remessa:
- pela intranet (público interno vinculado e interno desvinculado)
- pela extranet (público misto vinculado e misto desvinculado)
- pela internet (público externo)

Comunicação dirigida escrita na empresa

31. *Teaser* (em texto)
Forma: impressa
Público de interesse: externo (somente a imprensa)
Remessa: por correio, fax, pessoalmente
Obs.: Pode ser acompanhado de uma carta.

32. *Teaser* (em texto)
Forma: eletrônica
Público de interesse: externo (somente a imprensa)
Remessa: pela internet
Obs.: Pode ser acompanhado de um e-mail.

33. Boletim/jornal/*newsletter*
Forma: impressa
Público de interesse:
- interno vinculado
- misto vinculado
- misto desvinculado, com outro conteúdo
Remessa:
- anexo ao holerite, pessoalmente, por correio, malote (público interno vinculado e misto vinculado)
- por correio (público misto desvinculado)

34. Boletim/jornal/*newsletter*
Forma: eletrônica
Público de interesse:
- interno vinculado
- misto vinculado
Remessa:
- pela intranet (público interno vinculado e misto vinculado)
- pela extranet com outro conteúdo (público misto desvinculado)
Obs.: Caso utilize ilustrações, usar o serviço adequado disponível.

35. **Revista de empresa**
Forma: impressa
Público de interesse:
- interno vinculado
- misto vinculado
- misto desvinculado
- externo

Remessa:
- pessoalmente, por correio (público interno vinculado e misto vinculado)
- por correio (público misto desvinculado e interno desvinculado)
- por correio (público externo)

36. **Revista de empresa**
Forma: eletrônica
Público de interesse:
- interno vinculado
- misto vinculado
- misto desvinculado
- externo

Remessa:
- pela intranet (público interno vinculado e misto vinculado)
- pela extranet (público misto desvinculado)
- pela internet (público externo)

Obs.: Caso utilize ilustrações, usar o serviço adequado disponível.

37. **Relatório público anual (financeiro)**
Forma: impressa
Público de interesse:
- interno vinculado (*staff*)

Comunicação dirigida escrita na empresa

- misto desvinculado
- externo

Remessa:

- pessoalmente, por correio (público interno vinculado)
- por correio (público misto desvinculado)
- por correio (público externo)

38. Relatório público anual (financeiro)

Forma: eletrônica

Público de interesse:

- interno vinculado (*staff*)
- misto desvinculado
- externo

Remessa:

- pela intranet (público interno vinculado)
- pela extranet (público misto desvinculado)
- pela internet ou por site (público externo)

39. Relatório social

Forma: impressa

Público de interesse:

- interno vinculado (*staff*)
- misto desvinculado
- externo

Remessa:

- pessoal (público interno vinculado)
- por correio (público misto desvinculado)
- por correio (público externo)

40. Relatório social

Forma: eletrônica

Público de interesse:

- interno vinculado (*staff*)
- misto desvinculado
- externo

Remessa:
- pela intranet (público interno vinculado)
- pela extranet (público misto desvinculado)
- pela internet (público externo)

41. Livro de empresa

Forma: impressa
Público de interesse:
- interno vinculado (*staff*)
- misto desvinculado
- externo

Remessa:
- pessoalmente, por correio (público interno vinculado)
- por correio (público misto desvinculado)
- por correio (público externo)

Obs.: Caso utilize ilustrações, usar o serviço adequado disponível.

42. Livro de empresa

Forma: eletrônica
Público de interesse:
- interno vinculado
- misto desvinculado
- externo

Remessa:
- por CD-ROM, intranet, site (público interno vinculado)
- por CD-ROM, extranet, site (público misto desvinculado)
- por CD-ROM, internet, site (público externo)

Obs: Caso utilize ilustrações, usar o serviço adequado disponível.

De:
Para:
Data:
Assunto: MODELOS

1. Carta comercial impressa

INDÚSTRIA GIMENES & CESCA
www.gimenesca.com.br
Av. Brasileira, 200 – Campinas – SP

Campinas, 00 de março de 0000
G. Com. 01/00

Segurança Brasil Ltda.
São Paulo – SP

Prezados Senhores,

No evento de inauguração que realizamos no último dia 12, cuja segurança era de responsabilidade dessa empresa, houve negligência no trabalho externo.

Remetemo-lhes relatório, anexo, que mostra todas as falhas ocorridas, e solicitamos que tomem as providências que a situação requer.

Diante desses fatos, aguardamos retorno do assunto para iniciar a análise do novo contrato, que permanecerá pendente.

Atenciosamente.

Cleuza Cesca
Gerente de Comunicação

CGC/amc

Comunicação dirigida escrita na empresa

2. Carta comercial eletrônica

De: industriagimenesca@...
Para: segurancabrasil@...
Data: 00/00/00 - 14h30
Assunto: Segurança em evento   Carta n.º 001/00

Prezados Senhores,

No evento de inauguração que realizamos no último dia 12, cuja segurança era de responsabilidade dessa empresa, houve negligência no trabalho externo.

Remetemo-lhes relatório, anexo, que mostra todas as falhas ocorridas, e solicitamos que tomem as providências que a situação requer.

Diante desses fatos, aguardamos retorno do assunto para iniciar a análise do novo contrato, que permanecerá pendente.

Atenciosamente.

Cleuza Cesca
Gerente de Comunicação

3. Memorando impresso

 DE: Gerência de Comunicação   **PARA:** Portaria
CC/: Arquivo   **CC/:** Segurança

N/número	Data	S/número	Data	Recebido em
001/00	10/03/00			

ASSUNTO: Programa de visitas

No próximo dia 15, terça-feira, iniciaremos visitação de escolas da cidade e região à nossa empresa. O evento requer as providências necessárias, já do conhecimento de todos, para que possamos sempre manter a boa imagem que temos no mercado. A duração do programa é de dois meses, duas vezes por semana, às terças e quintas-feiras, das 14h30 às 17h30, com a presença de 30 crianças por visita.

Cleuza Cesca

Tratar de um só assunto em cada memorando.

Comunicação dirigida escrita na empresa

4. Memorando eletrônico

De: gercomunicacao@...
Para: portaria@...
Data: 00/00/00 - 14h30
Assunto: Programa de visitas – memo n.º 001/00

No próximo dia 15, terça-feira, tem início a visitação de alunos das escolas públicas da cidade à nossa empresa. Contamos com a colaboração desse setor utilizando as estratégias já conhecidas, para sempre mantermos o nosso bom conceito. O programa terá a duração de dois meses, todas as terças e quintas-feiras, das 14h30 às 17h30.

Cleuza Cesca
Gerente de Comunicação

De: gercomunicacao@...
Para: segurança@...
Data: 00/00/00 - 14h30
Assunto: Programa de visitas – memo n.º 002/00

Nos meses de março e abril próximos receberemos, todas as terças e quintas-feiras, das 14h30 às 17h30, grupos de 30 alunos, das escolas da região, que virão conhecer nossa empresa, conforme cronograma anexo. Contamos com as providências necessárias para que nada comprometa nossa imagem.

Cleuza Cesca
Gerente de Comunicação

5. Ofício impresso

INDÚSTRIA GIMENES & CESCA
www.gimenesca.com.br
Av. Brasileira, 200 – Campinas – SP

Campinas, 00 de março de 0000.
G. Com. / Of. n.º 001/00

Senhor Diretor,

Conforme contatos mantidos, vimos oficializar para 10 a 25 de abril a data para a realização do concurso com os filhos de seus funcionários, no qual trabalharemos em parceria.

Solicitamos, portanto, que nos remetam o *mailing* daqueles que têm filhos na faixa de 8 a 12 anos, e, também, façam uma apreciação do regulamento que anexamos.

No aguardo de um retorno e colocando-nos à disposição, firmamo-nos.

Atenciosamente.

Cleuza Cesca
Gerente de Comunicação

Ao Senhor
José Silva
Diretor da AR -7 da Pref. Municipal de Campinas
NESTA

CGC/

Comunicação dirigida escrita na empresa

6. Ofício eletrônico

De: gerenciacomunicacao@...
Para: gerenciaar-7@...
Data: 00/00/00 - 13h30
Assunto: Concurso – of. n.º 001/00

Senhor Diretor,

Conforme contatos mantidos, vimos oficializar para 10 a 25 de abril a data para a realização do concurso com os filhos de seus funcionários, no qual trabalharemos em parceria.

Solicitamos, portanto, que nos remetam o *mailing* daqueles que têm filhos na faixa de 8 a 12 anos, e, também, façam uma apreciação do regulamento que anexamos.

No aguardo de um retorno e colocando-nos à disposição, firmamo-nos.

Atenciosamente.

Cleuza Cesca
Gerente de Comunicação

Ao Senhor
José Silva
Diretor da AR -7 da Pref. Municipal de Campinas
NESTA

7. Circular impressa

INDÚSTRIA GIMENES & CESCA
www.gimenesca.com.br
Av. Brasileira, 200 – Campinas – SP

CIRCULAR N.º 001/00

Prezados companheiros,

Comunicamos que a partir do próximo mês todos receberão o salário por depósito bancário. Visamos com isso aumentar a segurança.

Solicitamos, portanto, que iniciem a abertura de conta no Banco ABC. Para isso, contatem suas chefias imediatas, a fim de receber as instruções necessárias.

É nossa empresa preocupada com o seu bem-estar.

Campinas, 00 de março de 0000.

Cleuza Cesca
Gerente de Comunicação

8. Circular eletrônica

De: gerenciacomunicacao@...
Para: funcionarios@...
Data: 00/00/00 - 13h30
Assunto: Salários por depósito bancário – circular n.º 001/00

Prezados companheiros,

Comunicamos que a partir do próximo mês todos receberão o salário por depósito bancário. Visamos com isso aumentar a segurança.

Solicitamos, portanto, que iniciem a abertura de conta no Banco ABC. Para isso, contatem suas chefias imediatas, a fim de receber as instruções necessárias.

É nossa empresa preocupada com o seu bem-estar.

Cleuza Cesca
Gerente de Comunicação

8b. Circular eletrônica

De: industriagimenesca@...
Para: fornecedores@...
Data: 00/00/00 - 13h30
Assunto: Mudança de endereço – circular n.º 001/00

Prezados fornecedores,

Visando proporcionar acesso mais rápido e seguro para a entrega de mercadorias em nosso depósito, informamos a todos que a partir do próximo dia 30 estaremos em novo endereço, na rua 15 de Novembro, n.º 700, Jardim da Rosas.

Recomendamos que tenham cautela nos cruzamentos das grandes avenidas que conduzem ao referido endereço, e diante de ameaça iminente contatem o nosso 0800 para auxílio.

É nossa empresa zelando para que vocês trabalhem com tranqüilidade.

João Silva
Gerente de Logística

9. Requerimento impresso

Exmo. Senhor Secretário de Parques e Jardins da Prefeitura Municipal da cidade de Campinas

Indústria Gimenes & Cesca, CNPJ n.º xxxxxxxxxxxx, Inscrição Estadual n.º xxxxxxxxxxxx, localizada na Rodovia D. Pedro, km 100, Campinas, São Paulo, vem requerer a V. Exa. o fechamento da totalidade da rua das Rosas, Jardim Primavera, no dia 15 de fevereiro próximo, das 8h30 às 17h30, devido à realização de um evento com a comunidade local, que faz parte de suas ações de responsabilidade social.

Nesses termos
pede deferimento.

Campinas, 00 de março de 0000.

Cleuza Cesca
Gerente de Comunicações

9b. Requerimento impresso

Exmo. Senhor Secretário de Parques e Jardins da Prefeitura Municipal da cidade de Campinas

Indústria Gimenes & Cesca, CNPJ n.º xxxxxxxxxxx, Inscrição Estadual n.º xxxxxxxxxxx, localizada na Rodovia D. Pedro, km 100, Campinas, São Paulo, vem requerer a V. Exa. o fechamento da totalidade da rua das Rosas, Jardim Primavera, no dia 15 de fevereiro próximo, das 8h30 às 17h30, devido à realização de um evento com a comunidade local, que faz parte de suas ações de responsabilidade social.

Campinas, 00 de março de 0000.

Cleuza Cesca
Gerente de Comunicações

Comunicação dirigida escrita na empresa

10. Requerimento eletrônico

De: industriagimenesca@...
Para: secretariaparquesjardins@...
Data: 00/00/00 - 13h00
Assunto: Fechamento de rua para evento – req. n.º 001/00

Exmo. Senhor Secretário de Parques e Jardins da Prefeitura Municipal da cidade de Campinas

Indústria Gimenes & Cesca, CNPJ n.º xxxxxxxxxxxx, Inscrição Estadual n.º xxxxxxxxxxxx, localizada na Rodovia D. Pedro, km 100, Campinas, São Paulo, vem requerer a V. Exa. o fechamento da totalidade da rua das Rosas, Jardim Primavera, no dia 15 de fevereiro próximo, das 8h30 às 17h30, devido à realização de um evento com a comunidade local, que faz parte de suas ações de responsabilidade social.

Nesses termos
pede deferimento.

Cleuza Cesca
Gerente de Comunicações

11. Correio eletrônico (e-mail)

De: industriagimenesca@...
Para: decoracoesbrasil@...
Data: 00/00/00 - 13h00
Assunto: Decoração de evento

Prezados Senhores,

Informamos que a decoração solicitada para o lançamento do *Livro 50 anos*, comemorativo de nossa empresa, não correspondeu ao estipulado em contrato. Diante disso, solicitamos revisão de orçamento e contato urgente com esta gerência.

Cleuza Cesca
Gerente de Comunicação

De: gerenciadecomunicacao@...
Para: gerenciafinanceira@...
Data: 00/00/00 - 13h00
Assunto: Decoração de evento

Prezados Senhores,

Nesta data estamos cobrando da empresa responsável pela decoração do lançamento do *Livro 50 anos* a revisão de orçamento. Caso não tenhamos retorno satisfatório, acionaremos o jurídico.

Cleuza Cesca
Gerente de Comunicação

12. Telegrama

CONTEÚDO DE TELEGRAMA PROFISSIONAL

A) Solicitar retorno de funcionário que está de férias

RETORNAR TRABALHO URGENTE PT IMPREVISTOS SEU SETOR PT

INDGIMENESCA

B) Cumprimentar time patrocinado pela empresa

PARABÉNS VITÓRIA PT TIME TEVE EMPENHO GARRA PT FESTA
AGUARDA EQUIPE AEROPORTO PT ORGULHO PATROCINAR TIME

INDGIMENESCA

C) Cumprimentar vencedor de eleições municipais

PARABÉNS GRANDE VITÓRIA PT ESTAMOS ORGULHOSOS SEU
DESEMPENHO PT AGUARDAMOS CUMPRIMENTO PROMESSAS
CAMPANHA PT

INDGIMENESCA

12b. Telegrama

CONTEÚDO DE TELEGRAMA SOCIAL

A) Cumprimento por lançamento de livro

FIQUEI FELIZ COM MAIS ESTE LANÇAMENTO. NÃO PODEREI ESTAR PRESENTE, MAS DESEJO-LHE GRANDE SUCESSO EDITORIAL. UM GRANDE ABRAÇO DO AMIGO DE SEMPRE.

CADU

B) Cumprimento por recebimento de título

A NOTÍCIA DE QUE VOCÊ RECEBERÁ O TÍTULO DE CIDADÃO PIRACICABANO DEIXOU-ME AINDA MAIS ORGULHOSO DE SER SEU AMIGO. ESTAREI NA PLATÉIA PARA APLAUDI-LO.

MARCÃO

C) Manifestação de pêsames

NOSSAS SINCERAS CONDOLÊNCIAS PELA DOLOROSA PERDA. TENHAM A CERTEZA DE NOSSAS ORAÇÕES.

FAMÍLIA ALVES

Comunicação dirigida escrita na empresa

13. Fax (fac-símile)

De: _Indústria Gimenesca (tel.: 5555-5555)_

Para: _Indústria Silva e Santos (tel.: 1111-1111)_

A/C: _Sra. Elizabeth Silva_

Número de folhas deste fax: _2_

Caso este fax não esteja legível, favor entrar em contato com o remetente.

14. Barra de holerite impressa

INDÚSTRIA GIMENES & CESCA
CNPJ: xxxxxxxxx

HOLERITE
DEMONSTRATIVO DE PAGAMENTO

Dados pessoais do funcionário

Vencimentos do funcionário

*LEMBRE-SE DE QUE NOSSA
ACADEMIA JÁ ESTÁ FUNCIONANDO.*

EXERCÍCIO É SAÚDE!

Comunicação dirigida escrita na empresa

15. Barra de holerite eletrônica

De: industriagimenesca@...
Para: funcionarios@...
Data: 00/00/00 - 13h30
Assunto: Reforço de informação – vacinação

O FUTURO DEPENDE DE VOCÊ, PAI!
Vacine seu filho em 15 de janeiro

NOS POSTOS DE SAÚDE

15b. Barra de holerite eletrônica

De: gerenciacomunicacao@...
Para: funcionarios@...
Data: 00/00/00 - 13h30
Assunto: Reforço de informação – Inauguração da creche

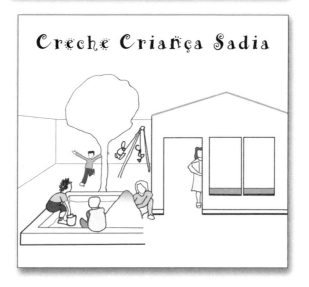

15c. Barra de holerite eletrônica

De: gerenciacomunicacao@...
Para: funcionarios@...
Data: 00/00/00 - 13h30
Assunto: Reforço de informação – Festa de confraternização

Nossa festa está pronta para a comemoração das nossas conquistas. Traga toda a família.

16. Manual de integração impresso

Comunicação dirigida escrita na empresa

16b. Manual de integração impresso

SUA EMPRESA E VOCÊ

Índice

✽ ✽ ✽ ✽ ✽ ✽ ✽ ✽ ✽ ✽ ✽ ✽ ✽ ✽ ✽ ✽ ✽ ✽ ✽

1. Apresentação
2. Nossa história
3. Ramo de atividade
4. Direitos e deveres:
   Convênios
   Prêmios
   Empréstimos
   Licenças
   Creche
   Refeitório
   Clube
   Confraternização
   Férias
   Horários
   Faltas

✽ ✽ ✽ ✽ ✽ ✽ ✽ ✽ ✽ ✽ ✽ ✽ ✽ ✽ ✽ ✽ ✽ ✽ ✽

1

16c. Manual de integração impresso

SUA EMPRESA E VOCÊ

Apresentação

✳ ✳ ✳ ✳ ✳ ✳ ✳ ✳ ✳ ✳ ✳ ✳ ✳ ✳ ✳ ✳ ✳ ✳ ✳ ✳

Este manual tem por objetivo integrá-lo à nossa empresa. Tenha-o sempre em lugar de fácil acesso, para recorrer a ele toda vez que for necessário.

Seja bem-vindo!

A DIRETORIA

✳ ✳ ✳ ✳ ✳ ✳ ✳ ✳ ✳ ✳ ✳ ✳ ✳ ✳ ✳ ✳ ✳ ✳ ✳

2

17. Manual de integração eletrônico

De: gerenciacomunicacao@...
Para: funcionarios@...
Data: 00/00/00 - 13h30
Assunto: Manual do funcionário

◎ MANUAL DO FUNCIONÁRIO ◎

Companheiro,

Queremos que você esteja sempre bem informado para que possamos trabalhar em sintonia e ter como resultado a sua satisfação e a da empresa.
Sane suas dúvidas consultando os assuntos:

- ◎ Apresentação
- ◎ Nossa história
- ◎ Produtos
- ◎ Direitos
- ◎ Férias
- ◎ Convênios
- ◎ Licenças
- ◎ Creche
- ◎ Refeitório
- ◎ Benefícios
- ◎ Faltas
- ◎ Clube

18. Quadro de avisos

19. Quadro de avisos eletrônico

De: gerenciacomunicacao@...
Para: funcionarios@...
Data: 00/00/00 - 13h
Assunto: Quadro de avisos

◎ Quadro de avisos eletrônico ◎

Este é nosso quadro de avisos eletrônico, inaugurado hoje. Nele você encontrará notícias sempre atualizadas relacionadas com o seu cotidiano na empresa, como: complemento de informações do Manual do funcionário, comunicações do C.D.R.H., novidades sobre o desempenho do seu setor, destaques de seus companheiros. É um veículo de comunicação que também permite a sua participação, dando sugestões, enviando assuntos de seu interesse.

Participe!

◎ Navegue nas outras páginas – você terá surpresas! ◎

Seja um doador de sangue!
Veja as vantagens!

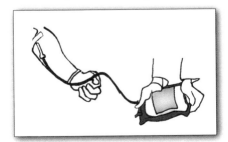

20. Jornal mural

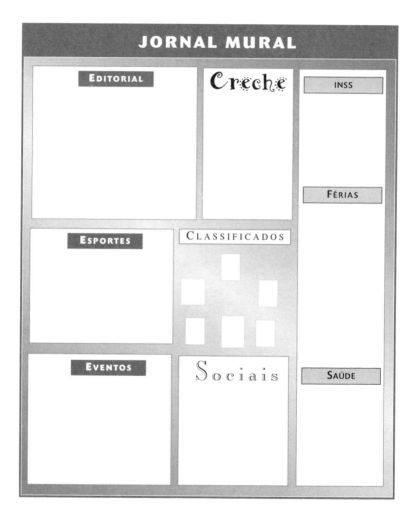

Comunicação dirigida escrita na empresa

21. Jornal mural eletrônico

De: gerenciacomunicacao@...
Para: funcionarios@...
Data: 00/00/00 - 13h
Assunto: Quadro de avisos

◎ Jornal Mural Eletrônico ◎

Editorial
Estamos transformando o nosso jornal mural físico em jornal mural eletrônico; parece incoerente ter um jornal mural eletrônico, pois se é mural não é eletrônico, mas isso é possível no mundo informatizado. Será uma experiência para avaliar a aceitação desse novo veículo. Caso vocês aprovem esta forma de veiculação, o velho e bom jornal mural físico sairá de circulação. Portanto, a decisão é de vocês, nossos parceiros. Não deixem de nos comunicar sua preferência!

A Diretoria

◎ Estamos cada vez melhor ◎

Recebemos mais uma certificação, a ISO 14000.
Isso aumenta a nossa responsabilidade,
mas também aumenta o nosso prestígio.

◎ Veja também ◎

◎ Novo convênio médico
◎ Nosso atleta na Grécia
◎ Entrevista com a nossa nutricionista

22. Caixa de sugestões

22b. Caixa de sugestões

23. Caixa de sugestões eletrônica

De: industriagimenesca@...
Para: funcionarios@...
Data: 00/00/00 - 13h00
Assunto: Concurso

◎ **Caixa eletrônica de sugestões** ◎

DÊ UM NOME AO NOSSO JORNAL INTERNO

Seu nome: _____ Setor:_____

Nome sugerido: _____

Acesse o regulamento aqui ▣

enviar

23b. Caixa de sugestões eletrônica

De: industriagimenesca@...
Para: fornecedores@...
Data: 00/00/00 - 13h00
Assunto: Concurso

◎ Caixa eletrônica de sugestões ◎

DÊ UM NOME AO NOSSO MASCOTE

Seu nome _____

Nome do fornecedor _____

Nome para o leãozinho
que será o nosso mascote_____

ACESSE AQUI O REGULAMENTO ▣

enviar

24. Mala-direta

É o meio pelo qual se enviam folhetos, panfletos, *flyers*, *folders*, circulares etc. a pessoas físicas ou jurídicas constantes de um *mailing list*. Esse tipo de mensagem é, portanto, denominada mala-direta só quando for enviada por mala postal (correio).

25. Folheto, *folder*, panfleto/*flyer*/volante impresso

FOLHETO
Algumas folhas grampeadas

INDÚSTRIA GIMENES & CESCA

**UMA EMPRESA
QUE CRESCE
E SE
DIVERSIFICA**

www.gimenesca.com.br

25b. Folheto, *folder*, panfleto/*flyer*/volante impresso

FOLDER
Folha com dobraduras

Folder aberto – parte externa

25c. Folheto, folder, panfleto/*flyer*/volante impresso

PANFLETO/*FLYER*/VOLANTE
Uma folha sem dobras

26. Folheto, *folder*, panfleto/*flyer*/volante eletrônico

De: industriagimenesca@...
Para: funcionarios@...
Data: 00/00/00 - 13h00
Assunto: Folheto

INDÚSTRIA GIMENES & CESCA

Vá abrindo seu folheto...

☐ Como utilizar os equipamentos de segurança.

☐ A importância da sua utilização.

☐ As possíveis conseqüências da sua não-utilização.

☐ A responsabilidade da empresa.

☐ O seu compromisso com a empresa e com você.

aqui

26b. Folheto, *folder*, panfleto/*flyer*/volante eletrônico

De: industriagimenesca@...
Para: funcionarios@...
Data: 00/00/00 - 13h00
Assunto: *Folder*

INDÚSTRIA GIMENES & CESCA

Vá desdobrando seu folder...

Inauguração da nossa creche

Criança Sadia

aqui

26c. Folheto, *folder*, panfleto/*flyer*/volante eletrônico

De: industriagimenesca@...
Para: funcionarios@...
Data: 00/00/00 - 13h00
Assunto: Panfleto/flyer

27. *Press-release* impresso

INDÚSTRIA GIMENES & CESCA

Assessoria de Imprensa	PRESS-RELEASE

INDÚSTRIA GIMENES & CESCA INAUGURA CRECHE

1   COM A PRESENÇA DE AUTORIDADES MUNICIPAIS E ESTADUAIS, A IND. GIMENES &

2   CESCA INAUGURA A CRECHE CRIANÇA SADIA, AMANHÃ, 16, ÀS 10H30, NA RUA

3   MONTEIRO LOBATO, 15, JARDIM DAS FLORES.

4   ATENDENDO À EXIGÊNCIA DA LEI QUE DETERMINA A CRIAÇÃO DE CRECHES NAS

5   EMPRESAS QUE POSSUEM MAIS DE 100 MÃES EM SEU QUADROS DE FUNCIONÁRIOS,

6   A IND. GIMENES & CESCA CONSTRUIU A CRIANÇA SADIA EM UMA ÁREA DE 500 M².

7   COM INFRA-ESTRUTURA, PROFESSORES ESPECIALIZADOS, NUTRICIONISTA E PESSOAL

8   DE APOIO TREINADO, A CRECHE PROPORCIONARÁ ÀS MÃES A SEGURANÇA DE QUE

9   NECESSITAM PARA TRABALHAR COM TRANQÜILIDADE.

10 A EMPRESA MOSTRA, COM ISSO, QUANTO VALORIZA MULHERES EM SEUS QUADROS.

Cleuza Cesca – Conrerp n.º xxxx / MTB n.º xxxx
cgcesca@...

Cleuza G. Gimenes Cesca

28. *Press-release* eletrônico

De: industriagimenes&cesca@...
Para: cheferedacao@...
Data: 00/00/00 - 13h00
Assunto: *Release* – Sugestão de pauta

INDÚSTRIA GIMENES & CESCA INAUGURA CRECHE

COM A PRESENÇA DE AUTORIDADES MUNICIPAIS E ESTADUAIS, A IND. GIMENES & CESCA INAUGURA A CRECHE CRIANÇA SADIA, AMANHÃ, 16, ÀS 10H30, NA RUA MONTEIRO LOBATO, 15, JARDIM DAS FLORES.

ATENDENDO À EXIGÊNCIA DA LEI QUE DETERMINA A CRIAÇÃO DE CRECHES NAS EMPRESAS QUE POSSUEM MAIS DE 100 MÃES EM SEU QUADRO DE FUNCIONÁRIOS, A IND. GIMENES & CESCA CONSTRUIU A CRIANÇA SADIA EM UMA ÁREA DE 500 M^2. COM INFRA-ESTRUTURA, PROFESSORES ESPECIALIZADOS, NUTRICIONISTA E PESSOAL DE APOIO TREINADO, A CRECHE PROPORCIONARÁ ÀS MÃES A SEGURANÇA DE QUE NECESSITAM PARA TRABALHAR COM TRANQÜILIDADE. A EMPRESA MOSTRA, COM ISSO, QUANTO VALORIZA MULHERES EM SEUS QUADROS.

Cleuza Cesca – Conrerp n.º xxxx / MTB n.º xxxx
cgcesca@...

29. *Teaser* impresso (em três fases)
1ª FASE

2ª FASE

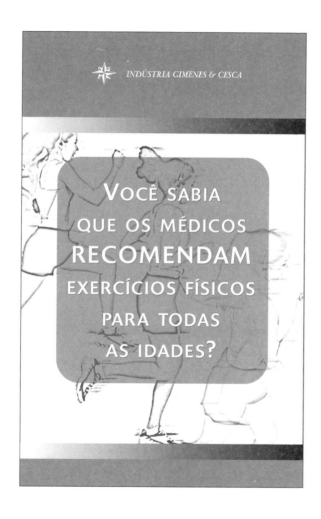

3ª FASE

30. *Teaser* eletrônico (em três fases)
1ª FASE

De: gerenciacomunicacao@...
Para: funcionarios@...
Data: 00/00/00 - 13h00
Assunto: *Teaser* – 1ª fase

2ª FASE

De: gerenciacomunicacao@...
Para: funcionarios@...
Data: 00/00/00 - 13h00
Assunto: *Teaser* – 2ª fase

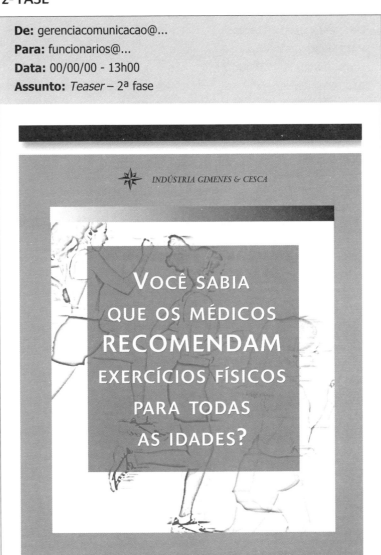

3ª FASE

De: gerenciacomunicacao@...
Para: funcionarios@...
Data: 00/00/00 - 13h00
Assunto: *Teaser* – 3ª fase

31. Teaser (em texto) impresso

 INDÚSTRIA GIMENES & CESCA

Abaixo a indústria da beleza!

Ao longo dos séculos, as mulheres foram tratadas com desprezo e incompreensão. Na Idade Média, eram vistas como simples reprodutoras e serviçais do marido. No Renascimento, apesar de sua situação ter melhorado, apenas as muito privilegiadas tiveram acesso à cultura. Na década de 1950, quando passaram a trabalhar fora, foram obrigadas a continuar cuidando da casa sozinhas e a ser boas esposas.

Em pleno século XXI, quando a "modernidade" é incontestável, a mulher se vê no papel de objeto. Todos os dias ela precisa engolir imagens do falso ideal de beleza: meninas esqueléticas, altas, bronzeadas, platinadas, de olhos azuis e simpáticas. Essas imagens estão por toda parte – revistas, jornais, *outdoors*, comerciais, filmes.

Para acabar com essa realidade opressiva, as Indústrias Gimenes & Cesca estão patrocinando uma obra revolucionária, que vai ajudar as mulheres inteligentes a combater essa nefasta indústria da beleza. Você está recebendo o sumário e o prefácio dessa obra. Esperamos que goste, pois ela estará disponível em breve.

Cleuza Cesca – Conrerp ...
cggcesca@...

32. *Teaser* (em texto) eletrônico

De: industriagimenes&cesca@...
Para: cheferedacao@...
Data: 00/00/00 - 13h00
Assunto: *Teaser*

Abaixo a indústria da beleza!

Ao longo dos séculos, as mulheres foram tratadas com desprezo e incompreensão. Na Idade Média, eram vistas como simples reprodutoras e serviçais do marido. No Renascimento, apesar de sua situação ter melhorado, apenas as muito privilegiadas tiveram acesso à cultura. Na década de 1950, quando passaram a trabalhar fora, foram obrigadas a continuar cuidando da casa sozinhas e a ser boas esposas.

Em pleno século XXI, quando a "modernidade" é incontestável, a mulher se vê no papel de objeto. Todos os dias ela precisa engolir imagens do falso ideal de beleza: meninas esqueléticas, altas, bronzeadas, platinadas, de olhos azuis e simpáticas. Essas imagens estão por toda parte – revistas, jornais, *outdoors*, comerciais, filmes.

Para acabar com essa realidade opressiva, as Indústrias Gimenes & Cesca estão patrocinando uma obra revolucionária, que vai ajudar as mulheres inteligentes a combater essa nefasta indústria da beleza. Você está recebendo o sumário e o prefácio dessa obra. Esperamos que goste, pois ela estará disponível em breve.

Cleuza Cesca
cgcesca@...

33. Boletim/jornal/*newsletter* impresso

O INFORMANTE
✣ GIMENES & CESCA

Boletim informativo da Ind. Gimenes & Cesca – Ano I – n.º 01 – MARÇO/0000

NOVOS MERCADOS

A realidade empresarial que vivemos tem levado as empresas a transpor fronteiras para oferecer seus produtos, e com isso garantir a sobrevivência.

Essa nova realidade também nos levou a buscar novos mercados. Neste ano iniciaremos nossa entrada no mercado estrangeiro, mais precisamente em Portugal, na Espanha e na Itália. A inserção nesse mercado europeu tão competitivo e exigente só se tornou possível pela excelência de qualidade de nossos produtos. Qualidade essa fornecida por diversos parceiros, entre eles nossos dedicados funcioná-

rios e empresas terceirizadas que nos fornecem serviços e matérias-primas com certificação ISO. Estamos dando os primeiros passos, e esperamos transformá-los em gigantes com o apoio de todos.

Inauguração da nossa creche

"CRIANÇA SADIA"

20 DE FEVEREIRO
sábado às 2 horas da tarde

Criança Sadia

Novos uniformes................................. p. 2

Mudança no horário do almoço................. p. 3

Instalação de cartão magnético................. p. 4

Ações de responsabilidade social................ p. 4

33b. Boletim/jornal/*newsletter* impresso

n.º 01 – MARÇO/0000

O INFORMANTE

EDITORIAL

Este é o nosso mais recente veículo de comunicação, "O Informante". Sairá quinzenalmente, e também espera sua participação, bastando para isso entrar em contato com nossa gerência. Sua opinião é muito importante, pois você é o público a que ele se destina. Nesta edição os assuntos foram de iniciativa nossa, mas para o próximo contamos com você.

Gerência de Comunicação

NOVOS UNIFORMES

Como anteriormente noticiado, a partir do próximo dia 20, segunda-feira, todos deverão estar com os novos uniformes. Os que ainda não fizeram contato com a chefia para solicitar o seu terão de agir rapidamente, pois a empresa não permitirá a entrada sem o novo modelo.

CONCURSO

Veja os cartazes sobre nosso novo concurso afixados na sala de descanso e no refeitório. Este é destinado também a seus familiares. Peça a todos para participarem. O prêmio e as condições estão no regulamento exposto nos cartazes e no Jornal Mural.

EXPEDIENTE: O Informante é veículo de comunicação interna da Indústria Gimenes & Cesca Diretor: Igor Gimenes Cesca. Conselho Editorial: Maria Silva, José Santos, Paulo Cardoso, Sérgio Santos, Bruno Souza – Edição e Produção: Gerência de Comunicação
Editor responsável: Cleuza Cesca - Conrerp n.º xxxxxx/ MTB n.º xxxxxxxx
Fotografia: Manoel Souza. Impressão: Gráfica Brasileira S/A. Tiragem: 3000 exemplares

34. Boletim/jornal/*newsletter* eletrônico

De: industriagimenes&cesca@...
Para: funcionarios@...
Data: 00/00/00 - 13h00
Assunto: Boletim n.º 01

Boletim informativo da Ind. Gimenes & Cesca

O INFORM@NTE

Ano I   n.º 01   março 0000

VEJA OS ASSUNTOS DESTE NÚMERO

◎ NOVOS UNIFORMES

◎ CONCURSO

◎ MUDANÇA NO HORÁRIO DE ALMOÇO

◎ INSTALAÇÃO DE CARTÃO MAGNÉTICO

35. Revista de empresa impressa

Comunicação dirigida escrita na empresa

35b. Revista de empresa impressa

REVISTA **Panorama**

Sumário

EDITORIAL

1. Posse do novo diretor de vendas

2. Creche "Criança Sadia" funcionando

3. Companheiros nas ações de responsabilidade social

4. Lançamento do ano

5. Nossa participação na Feira Mix

6. Nosso entrevistado

7. Seu compromisso com a saúde

3

36. Revista de empresa eletrônica

De: industriagimenes&cesca@...
Para: distribuidores@...
Data: 00/00/00 - 13h00
Assunto: Revista Panorama n.º 1

REVISTA
Panorama

ANO I   NÚMERO 1   JANEIRO/FEVEREIRO/MARÇO 0000

◎ POSSE DO NOVO DIRETOR DE VENDAS

◎ CRECHE "CRIANÇA SADIA" FUNCIONANDO

◎ COMPANHEIROS NAS AÇÕES DE RESPONSABILIDADE SOCIAL

◎ LANÇAMENTO DO ANO

◎ NOSSA PARTICIPAÇÃO NA FEIRA MIX

E MUITO MAIS!

INDÚSTRIA GIMENES & CESCA

37. Relatório público anual (financeiro) impresso

37b. Relatório público anual (financeiro) impresso

GIMENES & CESCA

Sumário

- Apresentação
- Histórico da empresa
- Ramo de atividade
- Desempenho no ano
- Perspectivas para o próximo ano
- Balancete (encartado)

I

37c. Relatório público anual (financeiro) impresso

 GIMENES & CESCA

Apresentação

Neste ano estamos reformulando o Relatório Público Anual, que será transformado em temático. Enfocaremos sempre aspectos da vida brasileira. Nesta edição, prestamos uma homenagem à natureza, ressaltando a importância da sua preservação para a sobrevivência das futuras gerações.

A Presidência

2

38. Relatório público anual (financeiro) eletrônico

De: industriagimenes&cesca@...
Para: distribuidores@...
Data: 00/00/00 - 13h00
Assunto: Relatorio anual

RELATÓRIO PÚBLICO ANUAL
eletrônico

ANO 0000

Neste ano estamos reformulando o Relatório Público Anual, que será transformado em temático. Enfocaremos sempre aspectos da vida brasileira. Nesta edição, prestamos uma homenagem à natureza, ressaltando a importância da sua preservação para a sobrevivência das futuras gerações.

A Presidência

◎ APRESENTAÇÃO

◎ HISTÓRICO DA EMPRESA

◎ RAMO DE ATIVIDADE

◎ DESEMPENHO NO ANO

◎ PERSPECTIVAS PARA O PRÓXIMO ANO

◎ BALANCETE

INDÚSTRIA GIMENES & CESCA

39. Relatório social impresso

39b. Relatório social impresso

GIMENES & CESCA

SUMÁRIO

- AÇÕES DE RESPONSABILIDADE SOCIAL
- CONTRATAÇÃO DE FUNCIONÁRIOS COM NECESSIDADES ESPECIAIS
- ADOÇÃO DE HORTAS
- ADOÇÃO DE ANIMAIS DO BOSQUE
- ADOÇÃO DE TARTARUGAS DO PROJETO TAMAR
- CAMPANHAS

39c. Relatório social impresso

GIMENES & CESCA

APRESENTAÇÃO

Há anos, a Gimenes & Cesca se preocupa com os menos favorecidos e com a preservação do meio ambiente. A empresa começou as suas ações de responsabilidade social internamente, com uma política voltada para os funcionários e seus familiares. Com o tempo, estendeu essas ações, em forma de filantropia, para a comunidade local.

Hoje, a Gimenes & Cesca é uma empresa socialmente responsável, com grande número de ações efetivas, que comportam a publicação deste Relatório Social.

A Presidência

40. Relatório social eletrônico

De: industriagimenes&cesca@...
Para: distribuidores@...
Data: 00/00/00 - 13h00
Assunto: Relatório social

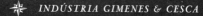

INDÚSTRIA GIMENES & CESCA

Relatório Social

GIMENES & CESCA

- APRESENTAÇÃO
- AÇÕES DE RESPONSABILIDADE SOCIAL
- CONTRATAÇÃO DE FUNCIONÁRIOS COM NECESSIDADES ESPECIAIS
- ADOÇÃO DE HORTAS
- ADOÇÃO DE ANIMAIS DO BOSQUE
- ADOÇÃO DE TARTARUGAS DO PROJETO TAMAR
- CAMPANHAS

41. Livro de empresa impresso

41 b. Livro de empresa impresso

 GIMENES & CESCA

Apresentação

VIVEMOS UM MOMENTO MUITO ESPE-
CIAL: ESTAMOS COMPLETANDO 50 ANOS
DE ATIVIDADES ININTERRUPTAS — NOSSO
JUBILEU DE OURO.

QUEREMOS REGISTRAR ESSE MOMENTO
NESTE LIVRO COMEMORATIVO, QUE SERÁ
DISTRIBUÍDO A TODOS AQUELES QUE AO
NOSSO LADO VIVERAM OS MOMENTOS DE
DIFICULDADE E DE PROGRESSO.

EM ESPECIAL, HOMENAGEAMOS AQUELES
QUE FIZERAM O LANÇAMENTO DA PEDRA
FUNDAMENTAL DA EMPRESA E, HOJE,
NÃO MAIS ESTÃO ENTRE NÓS.

A Presidência

I

41c. Livro de empresa impresso

Sumário

- Apresentação
- Um pouco da nossa história
- A abertura da Pedra Fundamental lançada há 50 anos
- A mostra do conteúdo da Pedra Fundamental
- O fechamento da Pedra com novos documentos
- O crescimento
- Os certificados ISO recebidos
- O que somos hoje
- Nossos colaboradores
- Nossos parceiros

2

42. Livro de empresa eletrônico

De: industriagimenes&cesca@...
Para: distribuidores@...
Data: 00/00/00 - 13h00
Assunto: Livro comemorativo

 INDÚSTRIA GIMENES & CESCA

Livro Comemorativo
50 anos

✭ APRESENTAÇÃO

✭ UM POUCO DA NOSSA HISTÓRIA

✭ A ABERTURA DA PEDRA FUNDAMENTAL LANÇADA HÁ 50 ANOS

✭ A MOSTRA DO CONTEÚDO DA PEDRA FUNDAMENTAL

✭ O FECHAMENTO DA PEDRA COM NOVOS DOCUMENTOS

✭ O CRESCIMENTO

✭ OS CERTIFICADOS ISO RECEBIDOS

✭ O QUE SOMOS HOJE

✭ NOSSOS COLABORADORES

✭ NOSSOS PARCEIROS

42b. Livro de empresa eletrônico

De: industriagimenes&cesca@...
Para: distribuidores@...
Data: 00/00/00 - 13h00
Assunto: Livro comemorativo

GIMENES & CESCA

Apresentação

VIVEMOS UM MOMENTO MUITO ESPECIAL: ESTAMOS COMPLETANDO 50 ANOS DE ATIVIDADES ININTERRUPTAS – NOSSO JUBILEU DE OURO.

QUEREMOS REGISTRAR ESSE MOMENTO NESTE LIVRO COMEMORATIVO, QUE SERÁ DISTRIBUÍDO A TODOS AQUELES QUE AO NOSSO LADO VIVERAM OS MOMENTOS DE DIFICULDADE E DE PROGRESSO.

EM ESPECIAL, HOMENAGEAMOS AQUELES QUE FIZERAM O LANÇAMENTO DA PEDRA FUNDAMENTAL DA EMPRESA E, HOJE, NÃO MAIS ESTÃO ENTRE NÓS.

A PRESIDÊNCIA

CAPÍTULO 4

SUPORTE PARA
UMA BOA REDAÇÃO

Este capítulo objetiva esclarecer alguns aspectos da língua portuguesa que trazem dúvidas na redação cotidiana. Para o seu desenvolvimento, as seguintes obras forneceram subsídios valiosos: *Gramática metódica da língua portuguesa*, *Manual de redação da Presidência da República*, *Manual de redação e estilo O Estado de S. Paulo*, *Comunicação dirigida escrita na empresa*.

FORMAS DE TRATAMENTO
   a) Forma vocativa
   b) Forma de tratamento
   c) Forma para endereçamento

Abades e superiores de conventos
   a) Reverendíssimo Senhor
   b) Vossa Paternidade (V. P.)
   c) A Sua Paternidade

Arcebispos e bispos
   a) Reverendíssimo Senhor
   b) Vossa Excelência Reverendíssima (V. Excia. Rev.^{ma} ou V. Excia. Revma.)
   c) A Sua Excelência Reverendíssima

Cardeais
   a) Eminentíssimo Senhor
   b) Vossa Eminência Reverendíssima (V. E.^{ma} Rev.^{ma} ou V. Ema. Revma.)
   c) A Sua Eminência Reverendíssima

Chanceler de universidade
a) Senhor Chanceler
b) Vossa Excelência (V. Excia.)
c) A Sua Excelência/Exmo. Senhor

Cônsules
a) Senhor Cônsul
b) Vossa Excelência (V. Excia.)
c) A Sua Excelência/Exmo. Senhor

Deputados federais e estaduais
a) Senhor Deputado
b) Vossa Excelência (V. Excia.)
c) A Sua Excelência/Exmo. Senhor

Desembargador da justiça
a) Senhor Desembargador
b) Vossa Excelência (V. Excia.)
c) A Sua Excelência/Exmo. Senhor

Diretores de autarquias federais, estaduais e municipais
a) Senhor Diretor
b) Vossa Senhoria (V. S.^{a} ou V. Sa.)
c) Ao Senhor

Doutor (Ph.D)
a) Senhor Doutor
b) Vossa Senhoria (V. S.^{a} ou V. Sa.)
c) Ao Senhor

Embaixadores
a) Senhor Embaixador
b) Vossa Excelência (V. Excia.)
c) A Sua Excelência/Exmo. Senhor

Empresas de modo geral
a) Prezados Senhores
b) Vossas Senhorias (V. S.^{as} ou V. Sas.)
c) Empresa XY

Freiras, padres e outras autoridades eclesiásticas
a) Reverendíssimo Senhor
b) Vossa Reverência (V. Re.^{va} ou V. Reva.)
c) A Sua Reverência

Governadores de estado
a) Senhor Governador
b) Vossa Excelência (V. Excia.)
c) A Sua Excelência/Exmo. Senhor

Juiz de direito
a) Meritíssimo Juiz
b) Vossa Excelência (V. Excia.)
c) A Sua Excelência/Exmo. Senhor

Madres
a) Reverendíssima Senhora
b) Vossa Reverência (V. Re.^{va} ou V. Reva.)
c) A Sua Reverência

Marechais, almirantes, brigadeiros e generais
a) Senhor (patente)
b) Vossa Excelência (V. Excia.)
c) A Sua Excelência/Exmo. Senhor

Mestres
a) Senhor Professor
b) Vossa Senhoria (V. S.^{a} ou V. Sa.)
c) Ao Senhor

Ministros de Estado
a) Senhor Ministro
b) Vossa Excelência (V. Excia.)
c) A Sua Excelência/Exmo. Senhor

Núncio apostólico
a) Eminentíssimo Senhor
b) Vossa Eminência (V. E.^{ma} ou V. Ema.)
c) A Sua Eminência

Outras patentes militares
a) Senhor (patente)
b) Vossa Senhoria (V. S.^{a} ou V. Sa.)
c) Ao Senhor

Papa
a) Santíssimo Padre
b) Vossa Santidade (V. S.)
c) A Sua Santidade

Pessoas em geral
a) Prezado Senhor
b) Vossa Senhoria (V. S.ª ou V. Sa.)
c) Ao Senhor

Prefeitos municipais
a) Senhor Prefeito
b) Vossa Excelência (V. Excia.)
c) A Sua Excelência/Exmo. Senhor

Presidente da República
a) Excelentíssimo Senhor Presidente da República
b) Vossa Excelência (V. Excia.)
c) A Sua Excelência/Exmo. Senhor

Presidente do Congresso Nacional
a) Excelentíssimo Senhor Presidente do Congresso Nacional
b) Vossa Excelência (V. Excia.)
c) A Sua Excelência/Exmo. Senhor

Presidente do Supremo Tribunal Federal
a) Excelentíssimo Senhor Presidente do Supremo Tribunal Federal
b) Vossa Excelência (V. Excia.)
c) A Sua Excelência/Exmo. Senhor

Presidente de empresa privada
a) Prezado Senhor
b) Vossa Senhoria (V. S.ª ou V. Sa.)
c) Ao Senhor

Príncipes e duques
a) Sereníssimo Senhor
b) Vossa Alteza (V. A.)
c) A Sua Alteza

Reis e imperadores
a) Sereníssimo Senhor
b) Vossa Majestade (V. M.)
c) A Sua Majestade

Reitores de universidades
a) Magnífico Reitor
b) Vossa Magnificência (V. M.)
c) A Sua Magnificência/Exmo. Senhor

Secretários de estado e de município
a) Senhor Secretário
b) Vossa Excelência (V. Excia.)
c) A Sua Excelência/Exmo. Senhor

Senadores da República
a) Senhor Senador
b) Vossa Excelência (V. Excia.)
c) A Sua Excelência/Exmo. Senhor

Vereadores
a) Senhor Vereador
b) Vossa Excelência (V. Excia.)
c) A Sua Excelência/Exmo. Senhor

Vice-reitores de universidades
a) Magnífico Vice-Reitor
b) Vossa Magnificência (V. M.)
c) A Sua Magnificência/Exmo. Senhor

Observação: É importante saber distinguir o tipo de correspondência que se envia a cada uma dessas pessoas; se ofício ou carta. A abreviatura de Vossa Excelência poderá também ser V. Exa.

UTILIZAÇÃO DA CRASE (fusão do artigo *a* com a preposição *a*)

Não se usa crase antes de:

Palavras masculinas
Ex.: O menino foi a pé ao circo.

Pronomes demonstrativos femininos essa, essas, esta, estas
Ex.: Levamos os livros a essa escola.

Verbos
Ex.: A empresa começou a fazer contratação de pessoal.

Pronomes pessoais: eu, tu, ele, ela, nós, vós, eles, elas, mim, ti, si
Ex.: Encaminhei a ela toda a correspondência.

Substantivos repetidos
Ex.: cara a cara, gota a gota.

Nomes de pessoas no feminino com quem não se tenha intimidade
Ex.: Enviei a Zélia Gattai outro convite para palestra.

Horas nestes sentidos (antecedidas apenas do artigo as)
Ex.: Estamos na fila desde as 8 horas. Viajaremos após as 11 horas. A reunião foi marcada para as 14 horas.

Palavra DISTÂNCIA (quando não determinada)
Ex.: Ficamos a distância do acidente.

Palavra TERRA como antônimo de mar, ar
Ex.: Os pescadores chegaram a terra com muitos peixes. O avião retornou a terra depois de muitas turbulências.

Palavra CASA (quando não determinada)
Ex.: Voltamos a casa.

Pronomes relativos QUE e QUAL quando seu antecedente for substituído por uma palavra masculina e o A que vem antes do pronome relativo (que não deve ser trocado) não se transformar em AO
Ex.: A reunião A QUE compareci foi rápida. O encontro A QUE compareci foi rápido.

Artigo indefinido uma
Ex.: As alunas foram a uma exposição.

Pronomes de tratamento
Ex.: Comunicamos a V. Sa. (você, V. Exa.) que nossa empresa recebeu certificação ISO.

Pronomes indefinidos quem, alguém, ninguém, outrem, qualquer, algo, tudo, nada, certa etc.
Ex.: Não enviar brindes a qualquer cliente.

Palavra A, no singular, antecedendo qualquer outra no plural.
Ex.: Refiro-me a correspondências enviadas ontem.

Usa-se crase antes de:

Palavras femininas
Ex.: Os funcionários foram à inauguração da creche da empresa.

Nomes de pessoas no feminino (com quem se tenha intimidade)
Ex.: Entregamos à Maria todas as fotos da inauguração.

Palavra DISTÂNCIA (quando determinada)
Ex.: Ficamos à distância de 100m das autoridades.

Palavra TERRA (como sinônimo de solo, planeta, lugar de nascimento)
Ex.: Todos os filhos de Joaquim se dedicam à terra. O astronauta chinês retornou à Terra. O funcionário voltou à terra em que nasceu.

Palavra CASA (quando determinada)
Ex.: Voltamos à casa do funcionário que foi acidentado.

Pronomes relativos QUE e A QUAL quando seu antecedente for substituído por uma palavra masculina e o A se transformar em AO
Ex.: A festa À QUAL fomos será novamente realizada no Clube.
O evento AO QUAL fomos será novamente realizado no Clube.

Nomes de lugares (quando determinados)
Ex.: Fomos à Brasília de JK.

Locuções prepositivas, locuções adverbiais, locuções conjuntivas, que tenham um substantivo feminino
Ex.: À moda de, à cata de, à maneira de, à força de, à custa de, à vontade de, à noite, às cegas, às vezes, à queima-roupa, à tarde, às duas horas, à uma hora, às mil maravilhas, à revelia, à toa, às claras, à medida que, à proporção que, às pressas, à risca, à direita, à esquerda, à frente, à procura de, à mercê de, à espera de.

Quando o substantivo feminino estiver subentendido
Ex.: Eu comprei um sapato à Luís XV (moda subentendida). Eu comprei um sapato à moda de Luís XV.

Expressão DEVIDO A seguida de palavra feminina
Ex.: Devido à conduta da aluna, ela foi expulsa do colégio.

Com o pronome indefinido OUTRA
Ex.: Enviem ÀS OUTRAS filiais todo material de divulgação do evento.

Com as formas àquela, àquele, àqueles, àquilo, àqueloutro
Ex.: Fomos àquela praia.

Nas locuções que indicam meio ou instrumento e outras exigidas pela tradição: à bala, à faca, à máquina, à chave, à vista, à venda, à tinta, à mão, à espada, à navalha, à fome
Ex.: Escrever à tinta. Pagamento à vista. Livros à venda.
Obs.: Há autores que consideram opcional a crase antes de: a vista, a máquina, a faca.

Horas (quando determinadas)
Ex.: Recebemos a mercadoria às 9 horas (à 1 hora, à meia-noite).

Uso facultativo da crase

Antes dos possessivos femininos: minha, tua, sua, nossa
Ex.: Enviamos à (a) sua empresa os novos catálogos de preços.

Com até
Ex.: Foi até a empresa. Foi até à empresa. Até a volta. Até à volta.

Regras práticas:

Usa-se a crase sempre que, substituindo-se o vocábulo feminino por outro masculino, aparecer "ao" antes do nome masculino
Ex.: Vou à festa. Vou ao teatro.

Usa-se a crase quando o "a" de uma frase puder ser substituído por "para a", "na", "pela", "com a"
Ex.: Dei brinquedos à Casa das Crianças. Dei brinquedos para a Casa das Crianças.

Diante de nome geográfico ou de lugar, substitua o A ou AS por PARA.
Se o certo for PARA A, use crase

Ex.: Foi à Espanha. Foi para a Espanha. Foram à Argentina. Foram para a Argentina.

O mesmo pode ser feito com a forma VOLTAR DE

Ex.: Foi à Espanha. Voltou da Espanha. Foi a Roma. Voltou de Roma.

PALAVRAS COM SOM IGUAL, SIGNIFICADO DIFERENTE E GRAFIA IGUAL OU SEMELHANTE

Absolver: inocentar
Absorver: embeber

Acender: colocar fogo
Ascender: subir

Acento: sinal gráfico
Assento: cadeira, sofá

Acerca de: a respeito de
A cerca de: distância próxima
Há cerca de: quanto tempo

Acerto: ato de acertar
Asserto: afirmação

Acessório: não fundamental
Assessório: auxiliar

Acidente: desastre
Incidente: episódio

Adotar: escolher
Dotar: dar em doação

Afim: semelhante
A fim de: com finalidade

Alto: grande
Auto: peça processual

Aleatório: casual
Alheatório: que desvia

Amoral: sem moral
Imoral: contrário aos bons costumes

Ante (preposição): diante de
Ante-(prefixo): anterior
Anti-(prefixo): contra

Ao encontro de: para junto de
De encontro a: contra algo

Ao invés de: ao contrário
Em vez de: em lugar de

A par: ciente
Ao par: de acordo com a convenção legal

Aparte: interrupção
À parte: em separado

Apreçar: pôr preço
Apressar: dar pressa a

Área: superfície
Ária: canto

Aresto: caso jurídico julgado
Arresto: apreensão judicial, embargo

Arrear: pôr arreio
Arriar: baixar

Arrochar: apertar
Arroxexar: tornar roxo

Atuar: agir
Autuar: fazer um auto, processar

Auferir: obter
Aferir: conferir

Augurar: prever
Agourar: predizer no mau sentido

Avocar: atribuir-se
Evocar: lembrar
Invocar: pedir

Bucho: estômago
Buxo: planta

Caça: do verbo caçar, animal
Cassa: tecido

Caçar: perseguir
Cassar: invalidar, anular

Canto: do verbo cantar, música
Canto: ângulo

Cara: rosto
Cará: planta

Carear: atrair
Cariar: criar cárie
Carrear: conduzir em carro

Cartucho: invólucro
Cartuxo: frade da Cartuxa

Casual: ocasional
Causal: causa

Cavaleiro: que anda a cavalo
Cavalheiro: indivíduo gentil

Censo: recenseamento
Senso: entendimento

Cerrar: fechar
Serrar: cortar com serra

Cessão: ato de ceder
Seção: setor
Sessão: espaço de tempo em que algo acontece, reunião
Cesta: caixa de vime
Sexta: 6ª feira

Chá: infusão de planta
Xá: soberano persa

Cheque: ordem de pagamento
Xeque: dirigente árabe, lance de xadrez

Cédula: bilhete
Sédula: cuidadosa

Cegar: privar da vista
Segar: ceifar

Cela: cubículo
Sela: arreio

Círio: vela de cera
Sírio: natural da Síria

Cível: relativo a jurisdição
Civil: cidadão

Colidir: chocar
Coligir: reunir

Comprimento: medida
Cumprimento: saudação, cumprir

Concelho: município, distrito, circunscrição administrativa em Portugal
Conselho: órgão colegiado; opinião, aviso

Concerto: acerto, combinação, composição, harmonia, simetria
Conserto: reparo, remendo, restauração

Conjectura: suspeita, hipótese
Conjuntura: acontecimento, situação, ocasião

Contravenção: transgressão
Contraversão: versão contrária, inversão

Coser: costurar, ligar, unir
Cozer: cozinhar, preparar

Costear: navegar junto à costa, contornar
Custear: pagar o custo de, prover, subsidiar
Custar: valer, necessitar, ser penoso

Deferir: consentir, atender, despachar favorável, conceder
Diferir: ser diferente, discordar

Degradar: deteriorar, desgastar, diminuir, rebaixar
Degredar: impor pena de degredo, desterrar, banir

Delatar: denunciar, revelar crime, acusar
Dilatar: alargar, estender, adiar, diferir

Derrogar: revogar parcialmente uma lei, anular
Derrocar: destruir, arrasar, desmoronar

Descrição: ato de descrever, representação, definição
Discrição: discernimento, reserva, prudência, recato

Descriminar: absolver de crime, tirar a culpa
Discriminar: diferençar, separar, discernir

Despensa: local onde se guarda mantimento
Dispensa: licença ou permissão para deixar de fazer algo, demissão

Despercebido: que não se notou
Desapercebido: desprevenido, desacautelado

Dessecar: secar bem, enxugar, tornar seco
Dissecar: analisar minuciosamente, anatomizar

Destratar: insultar, maltratar com palavras
Distratar: desfazer um trato, anular

Distensão: ato ou efeito de distender, torção violenta dos ligamentos de uma articulação
Distinção: elegância, nobreza, boa educação
Dissensão: desavença, diferença de opiniões e interesses

Devisar: planejar
Divisar: avistar

Emenda: correção de falta ou efeito, regeneração, remendo
Ementa: apontamento, súmula

Emergir: vir à tona, manifestar-se
Imergir: mergulhar, afundar

Eminente: alto, elevado, sublime
Iminente: prestes a acontecer

Emigrar: sair do país
Imigrar: entrar no país

Emitir: produzir, expedir, publicar
Imitir: fazer entrar, introduzir, investir
Omitir: ocultar

Empoçar: reter em poço, formar poça
Empossar: dar posse a, tomar posse

Encrostar: criar crosta
Incrustar: cobrir de crosta, adornar, revestir, prender-se

Entender: compreender, perceber, deduzir
Intender: exercer vigilância, superintender

Enumerar: numerar, enunciar, narrar, arrolar
Inúmero: inumerável, sem conta, sem número

Era: do verbo ser, época
Hera: planta

Espectador: aquele que assiste a qualquer ato
Expectador: que tem expectativa, que espera

Esperto: inteligente, vivo, ativo
Experto: perito, especialista

Espiar: espreitar, olhar
Expiar: cumprir pena, pagar, purgar

Estada: ato de estar, permanência (pessoas)
Estadia: tempo de um automóvel em um estacionamento, navio em um porto

Estância: lugar, morada, recinto
Instância: grau de jurisdição
Entrância: lugar de ordem das circunscrições judiciárias

Estrato: cada camada das rochas estratificadas
Extrato: pagamento, resumo, cópia, perfume

Flagrante: ardente, acalorado, flagrante delito
Fragrante: que tem fragrância ou perfume, cheiroso

Florescente: que floresce, próspero, viçoso
Fluorescente: que tem a propriedade da fluorescência

Folhar: produzir folhas, ornar com folhagens, revestir de lâminas
Folhear: consultar as folhas de um livro

Incerto: não certo, indeterminado, duvidoso, variável
Inserto: introduzido, incluído, inserido

Incipiente: iniciante, principiante
Insipiente: ignorante, insensato

Incontinente: imoderado, descontrolado
Incontinenti: imediatamente, sem demora, logo

Induzir: causar, sugerir, aconselhar
Aduzir: expor, apresentar

Inflação: emissão exagerada de moeda, aumento persistente dos preços
Infração: ato ou efeito de infringir ou violar uma norma

Inquerir: apertar a carga de animais, encilhar
Inquirir: pedir informações sobre, indagar, interrogar, investigar

Intercessão: ato de interceder
Intersecção: ação de seccionar, cortar, ponto onde duas linhas se encontram

Inter- (prefixo): entre
Intra-(prefixo): interior, dentro de

Invicto: sempre vitorioso
Invito: involuntário

Judicial: que tem origem no Poder Judiciário ou perante ele se realiza
Judiciário: relativo ao direito processual ou à organização da Justiça

Laço: laçada
Lasso: frouxo

Liberação: ato de liberar, quitação de dívida ou obrigação
Libertação: ato de libertar ou libertar-se

Lista: relação, catálogo
Listra: risca de cor diferente em um tecido

Livre: do verbo livrar
Livre: solto

Lobo: animal
Lobo: saliência

Locador: que dá de aluguel, senhorio, arrendador
Locatário: alugador, inquilino

Lustre: brilho, glória, fama; abajur
Lustro: qüinqüênio; polimento

Magistrado: juiz, desembargador, ministro
Magistral: relativo a mestre; perfeito, completo, exemplar

Mandado: ato de mandar, ordem escrita expedida por autoridade judicial
Mandato: garantia constitucional para proteger um direito individual líquido e certo; autorização que alguém confere a outrem

Mandante: que manda; aquele que outorga um mandato
Mandatário: aquele que recebe um mandato, representante, procurador
Mandatório: obrigatório

Mal: o contrário de bem
Mau: o contrário de bom

Mato: do verbo matar
Mato: bosque

Moleta: pedra de mármore
Muleta: bordão; amparo

Comunicação dirigida escrita na empresa

Obcecado: ato ou efeito de obcecar, teimosia
Obsessão: impertinência, perseguição, idéia fixa

Ordinal: numeral que indica ordem
Ordinário: comum, freqüente, trivial, vulgar

Paço: palácio
Passo: ato de andar, avançar ou recuar

Pleito: questão em juízo, demanda, litígio
Preito: homenagem, respeito

Preceder: ir ou estar adiante de, anteceder, adiantar-se
Proceder: originar-se, derivar, provir; executar

Pós- (prefixo): posterior a, que sucede, pós
Pré- (prefixo): anterior a, que precede, à frente de
Pró- (advérbio): em favor de, em defesa de

Preeminente: que ocupa lugar elevado, nobre, distinto
Proeminente: alto, saliente, que sobressai

Preposição: ato de prepor, preferência; palavra invariável que liga termos de uma frase
Proposição: ato de propor, proposta

Presar: capturar, agarrar, apresar
Prezar: respeitar, estimar muito, acatar

Prescrever: fixar limites, determinar; ficar sem efeito, anular
Proscrever: abolir, extinguir, proibir, terminar

Prever: ver antecipadamente, calcular
Prover: providenciar, dotar, abastecer, nomear para cargo
Provir: originar-se, proceder; resultar

Prolatar: proferir sentença, promulgar
Protelar: adiar, prorrogar

Ratificar: validar, confirmar, comprovar
Retificar: corrigir, emendar, alterar

Recrear: proporcionar recreio, divertir, alegrar
Recriar: criar de novo

Reincidir: tornar a incidir, recair, repetir
Rescindir: dissolver, invalidar, romper, desfazer

Remição: ato de remir, resgate, quitação
Remissão: ato de remitir, indulgência, perdão

257

Repressão: ato de reprimir, contenção, impedimento, proibição
Repreensão: ato de repreender, censura, advertência

Ruço: desbotado
Russo: referente à Rússia

Sábia: feminino de sábio
Sabiá: pássaro

Sanção: confirmação, aprovação: pena imposta pela lei
Sansão: personagem bíblico

Sede: vontade de beber água
Sede: residência

Sedento: que tem sede; sequioso
Cedente: que cede, que dá

Silha: assento
Cilha: cinta

Sobrescritar: endereçar, destinar, dirigir
Subscritar: assinar, subscrever

Sortir: variar, combinar, misturar
Surtir: causar, originar, produzir

Subentender: entender o que não está claramente exposto; supor, inferir
Subientender: exercer função de subintendente, dirigir
Subtender: estender por baixo

Sustar: interromper, suspender, parar
Suster: sustentar, manter; fazer parar, deter

Sucessão: seqüência, transmissão, continuação
Secessão: separação

Tacha: pequeno prego; mancha, defeito, pecha
Taxa: imposto, tributo, multa

Tachar: censurar, qualificar
Taxar: fixar taxa de; regular, regrar

Tapar: fechar, cobrir, abafar
Tampar: pôr tampa em

Tenção: intenção, plano
Tensão: estado de tenso, rigidez

Tráfego: trânsito de veículos, percurso, transporte
Tráfico: negócio ilícito, negociação

Trás: atrás, detrás, em seguida, após
Traz: do verbo trazer

Torvo: que infunde terror
Turvo: escuro

Treplicar: refutar com tréplica
Triplicar: tornar três vezes maior

Vestiário: quarda-roupa; local
em que se trocam roupas
Vestuário: as roupas que se
vestem, traje

Vês: do verbo ver
Vez: ocasião

Vultoso: de grande vulto,
volumoso
Vultuoso: atacado da doença
chamada vultuosidade

OUTRAS DIFICULDADES

Acabamento final: redundância.

Achar: use para aquilo que se procura.

Encontrar: use para aquilo que se encontra sem a intenção.

À custa de: e não às custas de.

Agilizar: use dinamizar, tornar ágil.

Alface: a alface.

A meu ver: e não ao meu ver.

A nível de: modismo. Evite.

Ano que vem: prefira no próximo ano.

A seu ver: e não ao seu ver.

Bimensal: duas vezes por mês.

Bimestral: de dois em dois meses.

Colocação: prefira sugestão, observação, ressalva, idéia.

Coma: o coma.

Começar: antes do infinitivo exige a preposição *a*.

Conclusão final: redundância.

Conviver junto: redundância.

Dar à luz: e não dar a luz.

Defronte de: e não defronte a.

Denunciar que: o certo é denunciar alguma coisa.

Em preto e branco: o certo é preto e branco.

Em termos de: modismo. Evite.

Encapuzar: o certo é encapuçar.

Expor que: o certo é expor algo.

Falência: para pessoa jurídica. Insolvência para pessoa física.

Grosso modo: o certo é a grosso modo.

Ibero: sem acento.

Ínterim: e não interim.

Mas: use vírgula antes de mas.

Namorar com: use namorar o.

Nobel: sem acento (pronúncia: nobél).

Óculos: sempre no plural. Meus óculos.

Otimizar: use desempenho ótimo, tornar ótimo.

Priorizar: o certo é dar prioridade.

Propositadamente: e não propositalmente.

Sic: assim mesmo, textualmente.

Simpatizar com: e não simpatizar-se com.

Todos foram unânimes: redundância. Evite.

COMO ESCREVER CERTAS PALAVRAS

Palavras que são escritas com E, e não com I
acarear, acreano, aéreo, ante-(pref. = antes), antecipar, antevéspera, anteprojeto, área, beneficência, boreal, cardeal, careal, carestia, cedilha, cercear, continue, de antemão, deferir, delação, demitir, derivar, descortinar, descrição, despender, despensa (onde se guardam alimentos), despesa, elucidar, embutir, emergir (para fora), emigrar (sair do país), eminência, empecilho, empreender, encômio, endireitar, entonação, entremear, entronizar, enumerar, estrear, falsear, granjear, hastear, homogêneo, ideologia, indeferir, legítimo, menoridade, meteorito, nomear, oceano, palavreado, passeata, preferir, prevenir, quase, rarear, receoso, reentrância, sanear, se, senão, sequer, seringueiro, testemunha, vídeo.

Palavras que são escritas com I, e não com E
aborígine, adiante, ansiar, anti-(pref. = contra), argúi, arqui-(pref.) artifício, atribui, cai, calcário, cárie, chefiar, cordial, desigual, diante, diferir (divergir), dilapidar, dilatar, discrição (reserva), discricionário, dispêndio, dispensa (licença), distinguir, distorção, dói, femi-

nino, imbuir, imergir (mergulhar), imigrar (entrar em país estrangeiro), iminente (próximo), inclinar, incorporar, indigitar, infestar, influi, inigualável, iniludível, inquirir, intitular, irrupção, júri, meritíssimo, miscigenação, parcimônia, possui, premiar, presenciar, privilégio, remediar, requisito, sentenciar, silvícola, substitui, verossímil.

Palavras que são escritas com O, e não com U

abolir, agrícola, bobina, bússola, cobiçar, comprido, comprimento (extensão), concorrência, costume, encobrir, explodir, marajoara, mochila, ocorrência, pitoresco, proeza, Romênia, romeno, silvícola, sortido (variado), sotaque, tribo, veio, vinícola.

Palavras que são escritas com U, e não com O

acudir, bônus, cinqüenta, cumprido (verbo), cumprimento (saudação), cúpula, Curitiba, elucubração, embutir, entabular, légua, lucubração, ônus, régua, súmula, surtir (resultar), tábua, trégua, usufruto, vírgula, vírus.

Palavras que são escritas com EI, e não com E

aleijado, alqueire, ameixa, cabeleireiro, ceifar, colheita, desleixo, madeireira, peixe, queijo, queixa, reiterar, reivindicar, treinar, treino.

Palavras que são escritas com E, e não com EI

alameda, almejar, azulejo, calejar, caranguejo, carqueja, cereja, cortejo, despejar, despejo, drenar, embrear, embreagem, enfear, ensejar, ensejo, estreante, estrear, freada, frear, igreja, lampejo, lugarejo, manejar, manejo, morcego, percevejo, recear, receoso, refrear, sertanejo, tempero, varejo.

Palavras que são escritas com OU, e não com O

agourar, arroubo, cenoura, dourar, estourar, frouxo, lavoura, pouco, pousar, roubar, tesoura, tesouro.

Palavras que são escritas com O, e não com OU

alcova, ampola, anchova, arroba, arrochar, arrocho, arrojar, arrojo, barroco, cebola, desaforo, doze, empola, engodo, estojo, malograr, malogro, mofar, mofo, oco, posar, rebocar.

Palavras que são escritas com H

Haiti, hangar, harmonia, haurir, Havaí, Havana, haxixe, hebreu, hectare, hediondo, hélice, hemi-(pref. = meio), hemisfério, hemorragia, herança, herdar, herege, hermenêutica, hermético, herói, hesitar, hiato, híbrido, hidráulica, hidrogênio, hierarquia, hífen, higiene, Himalaia, hindu, hino, hiper-(pref. = sobre), hipo-(pref. = sob), hipocrisia, hipoteca, hipotenusa, hipótese, hispanismo, histeria, hodierno, hoje, holandês, holofote, homenagear, homeopatia, homicida, homilia, homogeneidade, homogêneo, homologar, homônimo, honesto, honorários, honra, horário, horizonte, horror, horta, hóspede, hospital, hostil, humano, humilde, humor, Hungria.

Palavras que são escritas com G, e não com J

adágio, agenda, agiota, algema, algibeira, apogeu, argila, auge, Bagé, Cartagena, digerir, digestão, efígie, égide, Egito, egrégio, estrangeiro, evangelho, exegese, falange, ferrugem, fuligem, garagem, geada, gêmeo, gengiva, gesso, gesto, Gibraltar, gíria, giz, herege, impingir, ligeiro, miragem, monge, ogiva, rigidez, sugerir, tangente, viageiro, viagem, vigência.

Palavras que são escritas com J, e não com G

ajeitar, bajeense (de Bagé), encoraje, enjeitar, enrijecer, gorjeta, granjear, injeção, interjeição, jeca, jeito, jenipapo, jerimum, jesuíta, lisonjear, lojista, majestade, majestoso, objeção, ojeriza, projeção, projétil, rejeição, rejeitar, rijeza, sujeito, ultraje.

Palavras que são escritas com C ou Ç, e não com S, SS ou SC

à beça, absorção, abstenção, açaí, açambarcar, acender (iluminar), acento (símbolo gráfico), acepção, acessório, acerbo, acerto, acervo, aço, açúcar, açude, adoção, afiançar, agradecer, alçar, alicerçar, alicerce, almaço, almoço, alvorecer, amadurecer, amanhecer, ameaçar, aparecer, apreço, aquecer, arrefecer, arruaça, asserção, assunção, babaçu, baço, balançar, Barbacena, Barcelona, berço, cacique, caçoar, caiçara, calça, calhamaço, cansaço, carecer, carroçaria, castiço, cebola, cê-cedilha, cédula, ceia, ceifar, celeuma, célula, cenário, censo, censura, centavo, centro, ceticismo, cético, cera, cerâmica, cerca, cercear, cereal, cérebro, cerne, cerração

Comunicação dirigida escrita na empresa

(nevoeiro), cerrar (fechar), cerro (morro), certame, certeiro, certeza, certidão, certo, cessação, cessão (ceder), cessar (parar), cesta, chacina, chance, chanceler, cicatriz, ciclo, ciclone, cifra, cifrão, cigarro, cilada, cimento, cimo, Cingapura, cínico, cinqüenta, cinza, cioso, ciranda, circuito, circunflexo, círio (vela), cirurgia, cisão, cisterna, citação, coação, cobiçar, cociente, coerção, coercitivo, coleção, concertar (ajustar), concerto (musical), concílio, conjunção, consecução, Criciúma, decepção, decerto, descrição (ato de descrever), desfaçatez, discrição (reserva), disfarçar, distinção, distorção, docente, empobrecer, encenação, endereço, enrijecer, erupção, escaramuça, escocês, Escócia, esquecer, estilhaço, exceção, excepcional, exibição, expeço, extinção, falecer, fortalecer, Iguaçu, impeço, incerto, incipiente, inserção, intercessão, isenção, laço, licença, lúcido, lucidez, maçante, macerar, maciço, macio, maço, manutenção, menção, mencionar, muçulmano, noviço, obcecar, opção, orçamento, orçar, paço (palácio), panacéia, parecer, peça, penicilina, pinçar, poça, poço, prevenção, presunção, quiçá, recender, rechaçar, rechaço, remição (resgate), resplandecer, roça, sanção, sucinto, suíço, taça, tapeçaria, tecelagem, tecelão, tecer, terça, terço, terraço, vacilar, viço, vizinhança.

Palavras que são escritas com S, e não com C, SC ou X

adensar, adversário, ansiar, apreensão, ascensão, autópsia, acersão, avulso, balsa, bolso, censo, compreensão, compulsão, condensar, consecução, conselheiro, conselho, consenso, consertar (remendar), contra-senso, contraversão, controvérsia, conversão, convulsão, defensivo, defensor, descansar, despensa (cozinha), despretensão, dimensão, dispensa, dispersão, distensão, diversão, diverso, emersão, espoliar, estender, estorno, estorricar, excursão, expansão, expensas, expansão, extorsão, extrínseco, falsário, falso, falsidade, farsa, imersão, impulsionar, incompreensível, incursão, insinuar, insípido, insipiente, insolação, intensão (tensão), intensivo, intrínseco, inversão, justapor, mansão, misto, obsessão, obsoleto, pensão, percurso, persa, persiana, perversão, precursor, pretensão, propensão, propulsão, pulsar, recenseamento, remorso, repreensão, repulsa, reverso, salsicha, seara, sebo, seção, sela (assento), semear, semente, senha, sensato, senso, série, seringa,

263

sério, serra, seta, severo, seviciar, Sevilha, Sibéria, Sicília, siderúrgica, sigilo, sigla, silo, sinagoga, singelo, sintoma, Síria, sismo, sito, situado, submersão, subsidiar, subsistência, suspensão, tensão (tenso), utensílio, versão, versátil.

Palavras que são escritas com SS, e não com C ou Ç

Abissínia, acessível, admissão, agressão, amassar, apressar, argamassa, arremessar, assacar, assassinar, assear, assediar, assentar, assento, assertiva, asserto (afirmação), assessor, asseverar, assíduo, assimetria, assinar, assolar, aterrissagem, atravessar, avassalar, avesso, bússola, cassar (anular), cassino, cessão (ceder), comissão, compasso, compressa, compromisso, concessão, condessa, confissão, cossaco, crasso, cromossomo, depressa, depressão, dessecar, devassar, dezesseis, dezessete, digressão, discussão, dissertação, dissídio, dissimulação, dissipar, dissuadir, dossiê, ecossistema, emissão, empossar (dar posse), endossar, escassear, escassez, escasso, excessivo, excesso, expressão, fissura, fosso, fracasso, gesso, grassar, idiossincrasia, impressão, ingressar, insosso, insubmissão, interesse, intromissão, macrossistema, massa, messe, messiânico, microssistema, missa, missionário, mocassim, necessidade, obsessão, opressão, pássaro, passear, passeata, passeio, permissão, pêssego, pessimismo, possessão, potássio, pressagiar, presságio, pressão, pressionar, processão (procedência), procissão, professo, profissão, progressão, progresso, promessa, promissor, promissória, regressar, regressivo, remessa, remissão, remissivo, repercussão, repressão, repressivo, ressalvar, ressarcir, ressentir, ressequir, ressonar, ressurreição, retrocesso, sanguessuga, secessão (separação), sessão (reunião), sessar (peneirar), sessenta, sobressalente, sossego, submissão, sucessão, sucessivo, tessitura, tosse, travessa, travessão, uníssono, vassoura, verossímil, vicissitude.

Palavras que são escritas com SC, e não com C, Ç, S ou SS

abscesso, abscissa, acrescentar, acrescer, acréscimo, apascentar, aquiescência, aquiescer, ascender, ascensão, asceta, condescendência, consciência, cônscio, convalescer, crescente, crescer, descendência, descender, descentralização, descer, descerrar, descida, discente, discernimento, disciplinar, discípulo, efervescência, fascículo, fascismo, florescer, imiscível, imprescindível, intumescer, irascível, miscelânea, miscigenação, nascença, nascer, néscio, obsceno, onisciência, oscilação, oscilar, piscicultura, piscina, plebiscito, prescindir, recrudescer, remanescente, reminiscência, renascença, rescindir, rescisão, ressuscitar, seiscentismo, seiscentos, suscetível, transcendência, víscera.

Palavras que são escritas com X, e não com S ou SS

aproximar, auxílio, contexto, exclusivo, expectador (que espera algo), expectativa, expender, expensas, experiência, experimentar, experto (perito), expiação, expirar (morrer), explanar, expletivo, explicar, explícito, explorar, expoente, expor, êxtase, extensão, extenuar, externo, extirpar, extraordinário, extrapolar, extrato, extremado, extroversão, inexperiência, máxima, proximidade, próximo, sexta, sexto (ordinal), têxtil, texto, textual, textura.

Palavras que são escritas com S, e não com X

adestrar, contestar, destreza, destro, escavar, esclarecer, escusa, esdrúxulo, esfolar, esgotar, esgoto, esôfago, espectador (que assiste a um espetáculo), esperteza, esperto, espiar, esplanada, esplêndido, esplendor, espoliação, espontâneo, espremer, esquisito, estagnar, estático, estender, estendido, esterno (osso), estirpe, estrangeiro, estranhar, estrato (camada), estratosfera, estrema (limite), estremar (dividir), estremecer, estrutura, esvaecer, esvair-se, inesgotável, justaposição, misto, mistura, teste.

Palavras que são escritas com XC, com valor de S

exceção, excedente, exceder, excedível, excelência, excelente, excelso, excentricidade, excêntrico, excepcional, excesso, exceto, excetuar, excipiente, excitação, excitar, inexcedível.

Palavras que são escritas com Z, e não com S

abalizado, abalizar, acidez, aduzir, agonizar, agudez, ajuizar, alcoolizar, algazarra, algoz, alteza, altivez, Amazonas, amenizar, americanizar, amizade, amortizar, anarquizar, andaluz, Andaluzia, antipatizar, apaziguar, aprazar, aprazível, aprendizado, arborizado, arcaizar, aridez, Arizona, armazém, aromatizar, arrazoado, arrazoar, aspereza, assaz, atemorizar, aterrorizar, atriz, atroz, atualizar, audaz, automatizar, autorizar, avalizar, avareza, avestruz, avidez, avizinhar, azar, azeda, azeite, azeitona, azul, baixeza, baliza, banalizar, barbarizar, bazar, bazuca, beleza, bel-prazer, bendizer, bezerro, bizantino, brabeza, braveza, burocratizar, cafezal, cafezeiro, cafezinho, cafuzo, canalizar, canonizar, capataz, capaz, capitalizar, caracterizar, carbonizar, cartaz, categorizar, catequizar, celebrizar, centralizar, certeza, chafariz, cicatrizar, circunvizinho, civilizar, clareza, climatizar, coalizão, colonizar, comezinho, concretizar, condizer, conduzir, confraternizar, conscientizar, contemporizar, contradizer, contumaz, corporizar, correnteza, cotizar, cozer (cozinhar), cozido, cozinhar, cristalizar, cristianizar, crueza, cruzar, cruzada, cruzeiro, cuspidez, deduzir, delicadeza, democratizar, desautorizar, desfaçatez, deslizar (escorregar), deslize, desmazelo, desmoralizar, desprezar, destreza, dez, dezembro, dezena, dezenove, dezesseis, dezessete, dezoito, diretriz, divinizar, dizer, dizimar, dízimo, dogmatizar, doze, dramatizar, dureza, duzentos, dúzia, economizar, eficaz, eletrizar, embaixatriz, embelezar, embriaguez, encruzilhada, enfatizar, enraizar, entronizar, escandalizar, escassez, escravizar, especializar, espezinhar, esquizofrenia, esterilizar, estigmatizar, estilizar, estranheza, estupidez, esvaziar, eternizar, evangelizar, exteriorizar, familiarizar, fazenda, fazer, feliz, feroz, fertilizar, finalizar, fineza (delicadeza), firmeza, fiscalizar, flacidez, fluidez, formalizar, fortaleza, foz, fraqueza, frieza, fugaz, fuzil, fuzilar, galvanizar, gaze, gazear, gazeta, gazua, generalizar, gentileza, giz, gozar, gozo, grandeza, granizo, gravidez, harmonizar, higienizar, hipnotizar, honradez, horizonte, horrorizar, hospitalizar, hostilizar, humanizar, idealizar, imortalizar, imperatriz, impureza, imunizar, indenizar, individualizar, industrializar, induzir, infeliz, inferiorizar, inimizar, insipidez, inteireza, intelectualizar, internacionalizar, intrepidez, introduzir, inutilizar, invalidez, ironizar, jazida, jazigo, juiz, juízes, juízo, justeza, largueza, latinizar, lazer, legalizar, ligeireza, lucidez, luz, maciez, madureza, magazine, magnetizar, magreza, maldizer, malfazer, martirizar, materializar, matiz, matriz, mazela, menosprezar, mercantilizar, meretriz, mesquinhez, militarizar, miudeza, mobilizar, modernizar, monopolizar, moralizar, morbidez, mordaz, motorizar, motriz, mudez, nacionalizar, nariz, naturalizar, natureza, Nazaré, nazismo, neutralizar, nitidez, nobreza, noz (fruto), nudez, obstaculizar, oficializar, ojeriza, organizar, ozônio,

Comunicação dirigida escrita na empresa

palidez, parabenizar, particularizar, pasteurizar, paz, penalizar, pequenez, permeabilizar, perspicaz, pertinaz, placidez, pluralizar, pobreza, polidez, popularizar, pormenorizar, prazer, prazeroso, prazo, preconizar, prejuízo, pressurizar, presteza, prezado, primaz, privatizar, produzir, proeza, profetizar, profundeza, pulverizar, pureza, racionalizar, raiz, raízes, rapaz, rapidez, rareza, razão, razoável, realeza, realizar, reconduzir, redondeza, reduzir, refazer, regozijo, regularizar, reluzir, reorganizar, responsabilizar, revezar, reza, ridicularizar, rigidez, rijeza, rispidez, rivalizar, robotizar, robustez, rodízio, rudez, sagaz, satisfazer, sazonal, secularizar, seduzir, sensatez, sensibilizar, simbolizar, simpatizar, sincronizar, singularizar, sintetizar, sistematizar, sisudez, socializar, solenizar, solidez, sordidez, sozinho, suavizar, Suez, surdez, sutileza, talvez, tenaz, tez, timidez, tiranizar, topázio, torpeza, totalizar, traduzir, tranqüilizar, trapézio, trazer, trezentos, tristeza, triz, turgidez, uniformizar, universalizar, urbanizar, utilizar, vagareza, valorizar, vaporizar, vasteza, vazante, vazar, vazio, veloz, Veneza, veneziana, Venezuela, verniz, vez, vezo, vileza, viuvez, vivaz, viveza, vizinho, voraz, votalizar, voz, vulcanizar, vulgarizar, xadrez, ziguezague.

Palavras que são escritas com S, e não com Z

aburguesar, abusar, abuso, aceso, acusar, acusativo, adesão, adesivo, afrancesar, agasalhar, aguarrás, aliás, alisar, amasiar-se, amnésia, analisar, análise, ananás, anestesia, apesar de, aportuguesar, após, aposentar, apoteose, apresar, aprisionar, ardósia, arquidiocese, arrasar, arrevesado, artesanato, artesão, asa, Ásia, asilar, asilo, asteca, atrás, atrasar, atraso, através, azul-turquesa, baronesa, basílica, besouro, bisavô, brasa, brasão, brisa, burguês, burguesia, campesino, camponês, casebre, caserna, caso, casual, casuísta, casulo, catalisar, catequese, centésimo, cesariana, cisão, coesão, coeso, coisa, colisão, concisão, conciso, conclusão, consulesa, contusão, convés, cortês, cortesia, coser (costurar), crase, crise, cútis, decisão, decisivo, defesa, demasia, descamisar, descortês, desígnio, desistir, despesa, deusa, diagnose, diocese, divisar, divisível, divisor, doloso, dosar, dose, duquesa, eclesiástico, empresa, empresário, ênclise, enésimo, entrosar, envasar, enviesar, erisipela, escocês, escusa, esôfago, esotérico, esquisito, eutanásia,

267

evasão, exclusive, êxtase, extravasar, extremoso, fantasia, fase, finlandês, formoso, framboesa, frase, freguês, frisa, friso, fusão, fuselagem, fusível, fuso, gás, gasogênio, gasolina, gasômetro, gasoso, gaulês, gênese, grisalho, groselha, guisa, guisado, guisar, guloso, heresia, hesitar, holandês, ileso, improvisar, incisão, incisivo, inclusive, inclusão, incluso, indefeso, infusão, intruso, invasão, invasor, invés, irlandês, irresoluto, irrisório, isenção, isolar, japonês, javanês, Jerusalém, jesuíta, Jesus, jus, lápis, lesão, lesar, lesionar, lesivo, lilás, liso, lisura, losango, lousa, luso, magnésio, maisena, maltês, marquês, masoquismo, mausoléu, mesóclise, Mesopotâmia, mesquita, mesura, metamorfose, milanês, miséria, misericórdia, montanhês, mosaico, narcisismo, nasal, obesidade, obeso, obséquio, obtuso, ourives, ousadia, ousar, país, paisage, parafuso, parmesão, pesadelo, pesar, peso, pesquisar, pisar, precisão, precisar, preciso, presa, presente, preservar, presídio, presidir, presilha, princesa, profetisa, profusão, prosa, prosaico, prosélito, quadris, querosene, quesito, quis, quiseram, quiseste, raposa, raso, rasura, reclusão, recusa, repisar, repousar, repouso, represa, represália, requisição, requisitar, requisito, resenha, reserva, reservista, residência, residir, resíduo, resignar, resina, resistir, resolução, resolver, resultar, resumir, retrovisor, revés, revisão, revisar, saudosismo, síntese, sinusite, siso, sisudo, sobremesa, sósia, surpresa, teimosia, televisão, tese, tesoura, tesouraria, tesouro, tosar, transação, transatlântico, transe, trânsito, traseira, três, trigésimo, trisavô, turquesa, usina, uso, usufruto, usura, usurpar, vasilha, vaso, vesícula, viés, vigésimo, visar, viseira, visionário, visita, visor.

Palavras que são escritas com X, e não com Z ou S
exagero, exalar, exaltar, exame, examinar, exasperar, exato, exaurir, exausto, execução, executar, exegese, exemplo, exéquias, exequível, exercer, exercício, exército, exibição, exibir, exigir, exigüidade, exíguo, exilar, exílio, exímio, existir, êxito, exitoso, êxodo, exonerar, exorbitar, exortar, exótico, exuberante, exultar, exumar, inexato, inexaurível, inexistente, inexorável.

Palavras que são escritas com X, e não com CH
abacaxi, afrouxar, almoxarifado, almoxarife, ameixa, atarraxar,

baixa, baixela, baixo, bauxita, bexiga, caixão, caixeiro, caixote, capixaba, coxa, coxo, deixar, desleixado, desleixo, elixir, encaixe, encaixotar, enfaixar, enfeixar, engraxar, engraxate, enxada, enxaguar, enxame, enxaqueca, enxergar, enxerir, enxertar, enxofre, enxotar, enxovalhar, enxugar, enxurrada, enxuto, esdrúxulo, faixa, faxineiro, feixe, frouxo, graxa, haxixe, lagartixa, laxante, lixeiro, lixo, luxação, luxo, luxúria, mexer, mexerico, mexilhão, mixórdia, orixá, praxe, puxar, relaxado, relaxar, remexer, repuxar, repuxo, rixa, rouxinol, roxo, taxa, taxar, taxativo, trouxa, vexado, vexame, vexar, xadrez, xampu, xarope, xavante, xaxim, xenofobia, xerife, xícara, xifópago, xiita, xingar, xis (letra x).

Palavras que são escritas com CH, e não com X

achacar, achaque, achincalhar, anchova, apetrecho, arrochar, arrocho, bacharel, belchior, beliche, bolacha, brecha, broche, brochura, bucha, cachaça, cacho, cachoeira, cambalacho, capacho, caramanchão, cartucheira, chá (planta), chácara, chacina, chacoalhar, chacota, chafariz, chalé, chaleira, chamariz, chambre, chaminé, charada, charco, charlatão, charolês, charuto, cheque, chicória, chicote, chimarrão, chimpanzé ou chipanzé, chique, chiqueiro, chocalho, chofre, chope, chuchu, chumaço, churrasco, chutar, chute, cochichar, cochicho, cochilar, cochilo, cochonilha, colcha, colchão, colchete, concha, conchavo, coqueluche, cupincha, debochar, deboche, desabrochar, desfechar, despachar, despacho, ducha, encharcar, encher, enchova ou anchova, escabeche, escarafunchar, escorchar, esguicho, espichar, estrebuchar, fachada, facho, fantoche, fechar, fecho, fetiche, ficha, flechar, gancho, garrancho, garrucha, guache, guincho, inchar, lancha, lanche, linchar, machado, machucar, mochila, nicho, pecha, pechar, pechincha, penacho, pichar, piche, ponche, prancha, rachar, rancho, rechaçar, rechaço, rocha, salsicha, sanduíche, tachar (acusar), tocha, trecho, trincheira.

Palavras que são escritas com X, e não com CC ou CÇ

afluxo, anexar, anexo, asfixia, axila, axioma, clímax, complexidade, complexo, conexão, conexo, convexidade, convexo, córtex, crucifixo, duplex, durex, fixação, fixar, fixo, flexão, flexibilidade, flexionar, flexível, fluxo, heterodoxia, heterodoxo, hexágono, inflexível, intoxicar, léxico, marxismo, marxista, maxila, maxilar, nexo, ônix, ortodoxia, ortodoxo, oxidar, óxido, oxítono, paradoxal, paradoxo, paroxítono, perplexidade, perplexo, pirex, profilaxia, prolixo, proparoxítono, reflexão, reflexibilidade, reflexivo, reflexo, refluxo, saxônio, sexagenário, sexagésimo, sexo, sexual, telex, tórax, tóxico, toxicologia, toxina, triplex, xerox ou xérox.

Palavras que são escritas com CC ou CÇ, e não com X
cocção, cóccix, confecção, confeccionar, convicção, defecção, dissecção, facção, faccioso, ficção, fricção, friccionar, infecção, infeccionar, retrospecção.

COLETIVOS

Abelhas: colméia, enxame
Abutres: bando
Acompanhantes: comitiva, cortejo, séquito
Aeroviários: tripulação
Alhos entrelaçados: réstia
Alunos: classe, corpo discente
Amigos: tertúlia
Animais de uma região: fauna
Animais de corte: gado
Animais de carga: tropa
Animais de carga inferior a dez: lote
Animais de raça: plantel
Animais ferozes: alcatéia
Anjos: chusma, coro, falange, legião
Apetrechos profissionais: ferramenta, instrumental
Arroz: batelada, partida
Artistas: plêiade
Artistas cênicos: elenco, grupo

Armas: arsenal
Árvores: aléia, alameda, arvoredo, fileira, renque, bosque
Asnos: manada, récova, récua
Assassinos: corja, choldra
Astros: constelação
Atores: elenco
Aves: bando, revoada
Aves presas: viveiro
Aviões: esquadrilha, flotilha

Bactérias: colônia
Bananas: cacho, penca
Bandeiras de marinha: mariato
Bandidos: quadrilha
Bandoleiros: caterva, corja, horda, malta, súcia, turba
Bêbados: corja
Bispos convocados pelo Papa: concílio
Bois: abesana, armento, cingel, jugada, jugo, junta, manada, rebanho, boiada

Bombas: bateria
Borboletas: boana, panapaná
Burros: grupo, lote, manada, récova, récua, tropa

Cabelo: chumaço, cacho, trança, madeixa
Cabras: fato, malhada, rebanho
Cadeiras: carreira, fila, fileira
Cães: adua, cainçalha, chusma, matilha
Cálices: baixela
Câmaras: congresso, conselho
Cameleiros: caravana
Camelos: cáfila, camelaria, récua
Caminhões: frota
Camundongos: ninhada
Canções: cancioneiro
Canhões: bateria
Cantores: coro
Capim: feixe, braçada, paveia
Cardeais sob a presidência do Papa: consistório, sacro colégio
Cardeais reunidos para eleger o Papa: conclave
Carneiros: malhada, rebanho
Casas: quarteirão, quadra, condomínio
Casas de índios: taba
Cartas: correspondência
Cartas geográficas: atlas
Castanhas assadas: magusto
Cavaleiros: cavalgada, tropel, cavalhada
Cavalos: manada, tropa
Cebolas entrelaçadas: réstia
Cereais: batelada, partida

Cem anos: século
Chaves: molho, penca
Cidadãos: comunidade
Cientistas: congresso
Ciganos: bando
Cinco anos: qüinqüênio, lustro
Clientes: clientela, freguesia
Cobras: serpentário (quando instaladas)
Cônegos de uma igreja: cabido, conezia
Contas miúdas: miçanga
Craques: plantel
Crenças populares: folclore
Criados: chusma

Demônios: legião
Depredadores: horda
Deputados: congresso
Desordeiros: caterva, corja, malta, pandilha, súcia, troça, turba
Discos ordenados: discoteca
Dinheiro: bolada, bolaço

Ébrios: grupo, troça
Éguas: manada, tropilha, piara
Eleitores: colégio
Elefantes: manada
Empregados de empresas: pessoal
Escritores: plêiade
Espectadores: assistência, auditório
Espectadores contratados para aplaudir: claque
Espigas amarradas: atilho, fascal, feixe, gavela, paveia
Estados: federação, confederação

Estampas: iconoteca
Estátuas em exposição: galeria
Estrelas: asterismo, constelação, plêiade
Estudantes: classe, turma
Examinadores: banca

Faculdades: universidade
Feijão: batelada, partida
Feiticeiros: conciliábulo
Fenos: braçada, braçado
Filhotes: ninhada
Filmes: cinemateca
Fios têxteis: meada, mecha
Filhos: prole
Flores: braçadas, buquê, ramalhete
Foguetes dispostos em círculo: girândola, roda
Folhagens comestíveis: molho
Foliões carnavalescos: cordão, pandilha, rancho
Forças aéreas: aeronautas
Forças marítimas: armada
Forças terrestres: exército
Formigas: cordão, correição, colônia, formigueiro
Fotos: álbum
Frades: comunidades, confraria, congregação, irmandade, ordem
Frutas: penca

Gado: rebanho
Gafanhotos: nuvem, miríade, praga
Gatos: cambada
Gente: chusma, grupo, magote, multidão, pinho
Gravetos amarrados: feixe
Gravuras: iconoteca

Habitantes de uma região: população, gente, nação, povo
Heróis: falange, região
Hienas: alcatéia
Hinos: hinário

Ilhas: arquipélago
Imigrantes em trânsito: leva
Imigrantes radicados: colônia
Índios: maloca (em bando), tribo (em nação)
Insetos: bando, miríade, nuvem
Insetos nocivos: praga

Javalis: alcatéia, malhada, vara
Jornais: hemeroteca
Jumentos: récova, récua
Jurados em sessão: conselho, júri, corpo

Ladrões: caterva, horda, malta, pandilha, quadrilha, cambada
Leis: código
Lenha: feixe
Leões: alcatéia
Letras: alfabeto, abecedário, abc
Livros amontoados: pilha, ruma
Livros dispostos em ordem: biblioteca, livraria
Lobos: alcatéia

Macacos: bando, capela, bugio
Malandros: bando, corja, farândola, matula, súcia, turba
Malfeitores: bando, quadrilha, turbamulta
Maltrapilhos: farândola
Mapas: atlas
Marinheiros: equipagem, marinhagem, maruja, tripulação
Médicos: junta

Mercadorias: sortimento, provisão, partida
Mercenários: mesnada
Mil anos: milênio
Montanhas: cadeia, serra, cordilheira
Moscas: moscaria, mosquedo
Móveis: mobília, aparelho, trem
Músicas: repertório
Músicos: orquestra filarmônica, banda, charanga

Navios de guerra: esquadra, armada, marinha
Navios de transporte: comboio
Navios mercantes: frota
Nomes: lista, rol
Notas de dinheiro: bolada, maço, pacote
Nove dias: novena

Objetos de arte: galeria
Ondas grandes: marouço
Ônibus: frota
Ouvintes: auditório
Ovelhas: chafardel, malhada, oviário, rebanho
Ovos: ninhada, postura

Padres: clerezia, clero
Pães: fornada
Palavras dispostas ordenadamente: dicionário, elucidário, léxico, vocábulo
Panelas: bateria
Panteras: alcatéia
Papéis: maço, rima, resma, ruma
Parentes: parentela, tertúlia, família
Paus amarrados: feixe

Paus amontoados: pilhas
Peixes: cardume, corso, manta
Peixes miúdos: boana
Peixes confinados: viveiro
Penas na ave: plumagem
Peregrinos: caravana, rancho, romaria, romagem
Pernilongos: nuvem
Pessoas: chusma, massa, mole, multidão, pinho, patuléia, poviléu, povo, roda
Pessoas designadas para certa missão: comissão
Pessoas da mesma casa: família
Pessoas que julgam: júri
Pessoas reles: magote, massa, patuléia, poviléu, ralé
Pessoas de serviço de avião ou navio: equipagem, tripulação
Pintos: ninhada, rodada
Plantas de uma região: flora
Plantas secas para classificação: herbário
Pilhas elétricas: bateria
Policiais em patrulha: ronda
Poetas: plêiade
Porcos: manada, persigal, piara, vara
Porcos no pasto: vezeira
Pratos: baixela
Prelados de uma diocese em reunião: sínodo
Presos em trânsito: leva
Professores: corpo docente

Quadros em exposição: coleção, galeria, pinacoteca
Quarenta dias: quarentena
Quatro anos: quadriênio
Querubins: coro, falange, legião

Raios luminosos: feixe
Recrutas: leva
Religiosos: clero, clerezia, convento
Revistas: hemeroteca
Roupas de cama e de uso pessoal: enxoval
Roupas sujas envoltas: trouxa

Selos: coleção
Selvagens: tribo, cabilda
Senadores: congresso
Serras: cordilheira
Sócios: associação, assembléia
Soldados: tropa, legião, batalhão, pelotão, companhia, brigada, divisão, exército
Soldados em marcha: partida, hoste
Soldados em vigilância: ronda, patrulha,
Soldados guarnecendo um lugar: guarnição
Soldados (outros coletivos): coluna, destacamento, grupo, piquete, esquadrão, patrulha
Sons: orquestra

Talheres: faqueiro, baixela
Tradições e crenças populares: folclore

Textos escolhidos: coletânea, seleta
Tijolos: pilha
Trabalhadores: turma, rancho
Trabalhadores em trânsito: leva
Trechos literários: antologia, compilação, seleta
Três dias: tríduo
Três meses: trimestre
Três anos: triênio
Três versos: terceto
Três vozes: terceto, trio
Tripulantes: equipagem, guarnição, tripulação
Tropeiros: rancho
Turistas: caravana

Utensílios de cozinha: bateria, trem
Utensílios de mesa: aparelho, baixela

Vadios: cambada, corja, caterva, mamparra, matula, súcia
Vagões: comboio
Varas amarradas: feixe, ruma
Velhacos: corja, súcia
Vereadores: câmara
Verduras: molho

BIBLIOGRAFIA

Livros, teses e dissertações

ABERDENE, Patricia; NAILSBILT, John. *Megatrends for women*. Nova York: Villard Books, 1992.

ABREU, Antônio Suárez. *Curso de redação*. São Paulo: Ática, 1989.

ACKERMANN, Jean Marie. *Comunicação de idéias industriais*. Rio de Janeiro: Nova Fronteira, 1979.

ALBUQUERQUE, Adão Eunes. *Planejamento das Relações Públicas*. 2ª ed. Porto Alegre: Sulina, 1983.

ALMEIDA, Napoleão Mendes de. *Gramática metódica da língua portuguesa*. São Paulo: Saraiva, 1983.

AMARAL, Caio Augusto. *Relações Públicas – Filosofia de vida ou ciência do equilíbrio social*. Edição particular, 1985.

AMARAL, Luiz. *Técnica de jornal e periódico*. Fortaleza: Fortaleza Edições, UFC, 1982.

ANDRADE, Cândido Teobaldo de Souza. *Administração de Relações Públicas no governo*. São Paulo: Loyola, 1982.

_____. *Curso de Relações Públicas*. São Paulo: Atlas, 1968.

_____. *Curso de Relações Públicas*. 4ª ed. São Paulo: Atlas, 1988.

_____. *Psicossociologia das Relações Públicas*. 2ª ed. São Paulo: Loyola, 1989.

_____. *Para entender Relações Públicas*. 4ª ed. São Paulo: Loyola, 1993.

_____. *Dicionário profissional de Relações Públicas e comunicação*. São Paulo: Summus, 1978.

ARNALDI, Piero. *Le relazioni publiche*. 2ª ed. Milão: Franco Angeli, 1960.

AUGRAS, Monique. *Opinião pública*. Petrópolis: Vozes, 1970.

AVELLANEDA, Justo. *Relaciones Públicas*. 2ª ed. Lima: El Hambreyel Trabajo, 1983.

AZEVEDO, Martha. *Relações Públicas – Teoria e processo*. Porto Alegre: Sulina, 1971.

AZEVEDO, P. E. M. de. *Manual prático de Relações Públicas*. Rio de Janeiro: Tecnoprint, 1979.

BAISANO, O. A. Fernandes. *Manual de Relaciones Públicas y humanas*. Buenos Aires: Estudio Argentino de Relaciones Públicas, 1973.

_____. *Curso básico de Relações Públicas*. Rio de Janeiro: Tecnoprint, 1984.

BARNARD, Chester. *As funções do executivo*. São Paulo: Atlas, 1979.

BAPTISTA, Myrian Veras. *Planejamento social: intencionalidade e instrumentação*. São Paulo: Veras, 2000.

BARROS, Enéias Martins. *Cartas comerciais e redação oficial*. São Paulo: Atlas, 1983.

BAUS, Herbert. *Relações Públicas: dinâmica e prática*. Rio de Janeiro: Fundo de Cultura, 1961.

BELTRÃO, Luiz. *Teoria geral da comunicação*. Brasília: Thesaurus, 1977.

BELTRÃO, Odacir. *Correspondência, linguagem e comunicação*. São Paulo: Atlas, 1981.

BERLO, D. K. *O processo de comunicação*. Rio de Janeiro: Fundo de Cultura, 1960.

BJORK, Gordon C. *A empresa privada e o interesse público*. Rio de Janeiro: Zahar, 1971.

BLACK, Sam. *Las Relaciones Públicas*. Barcelona: Hispano Europea, 1991.

BONILHA, Carlos Gutierrez. *La comunicación: función básica de las Relaciones Públicas*. México: Trillas, 1988.

BRANT, Leonardo. *Mercado cultural: investimento social, formatação e venda de projetos, gestão e patrocínio, política cultural*. São Paulo: Escrituras, 2001.

CAMPOS, Vicente Falconi. *Controle da qualidade total*. 2ª ed. Belo Horizonte: Ed. Universidade de Minas Gerais, 1992.

CANFIELD, Bertrand R. *Relações Públicas: princípios e casos*. 2ª ed. São Paulo: Pioneira, 1970.

CANILLI, Cláudia. *Curso de Relaciones Públicas*. Barcelona: De Vecchi, 1993.

CAPARELLI, Sérgio. *Comunicação de* massa *sem massa*. São Paulo: Cortez, 1980.

CAPRIOTTI, Paul. *Planificación estratégica de la imagem corporativa*. Barcelona: Ariel, 1999.

CENTER, Allen H. *Idéias de Relações Públicas em ação*. São Paulo: Best Seller, 1965.

CESCA, Cleuza G. Gimenes. *Técnicas profissionais de secretariado*. Campinas: Papirus, 1984.

_____. *As Relações Públicas e a defesa do consumidor: uma contribuição para a solução de conflitos nesse setor*. Dissertação (Mestrado) em Relações Publicas, ECA-USP, 1986.

_____. *Comunicação dirigida escrita na empresa: teoria e prática*. 3ª ed. São Paulo: Summus, 1995.

_____. *Novo perfil de Relações Públicas*. Trabalho de pesquisa realizado na PUC-Campinas, 2001.

_____. *Organização de eventos: manual para planejamento e execução*. 6ª ed. São Paulo: Summus, 1997.

_____. *Relações Públicas e a comunicação dirigida escrita na empresa*. Tese (Doutorado) em Relações Públicas, ECA-USP, 1994.

_____ e CESCA, Wilson. *Estratégias empresariais diante do novo consumidor*. São Paulo: Summus, 2000.

CHAPPELL, R. T. e READ, W. L. *Comunicação interna na empresa moderna*. Rio de Janeiro: Fórum, 1973.

CHIAVENATO, Idalberto. *Teoria geral da administração*. São Paulo: McGraw-Hill, 1979.

_____. *Administração de empresas: uma abordagem contingencial*. São Paulo: McGraw-Hill, 1982.

CHILDS, Harwood L. *Relações Públicas, propaganda e opinião pública*. Rio de Janeiro: Fundação Getúlio Vargas, 1967.

CIRIGLIANO, Gustavo. *Relaciones Públicas*. 2ª ed. Buenos Aires: Humanitas, 1990.

COELHO, Fábio Ulhoa. *O empresário e os direitos do consumidor*. São Paulo: Saraiva, 1994.

COHEN, Roger. *Tudo que seus gurus não lhe contaram sobre comunicação empresarial*. 3ª ed. São Paulo: Best Seller, 1990.

_____. *Manual do direito comercial*. São Paulo: Saraiva, 1997.

Coqueiro, Márcio César Leal. *Relações Públicas.* São Paulo: Sugestões Literárias, 1972.

Cornella, Alfons. *Información digital para la empresa.* Barcelona: Marcombo, 1996.

Corrado, Frank M. *A força da comunicação.* São Paulo: Makron Books,1994.

Correa, Tupã Gomes. *Opinião pública: os bastidores da ação política.* São Paulo: Global, 1988.

Cutlip, Scott e Center, Allen H. *Relaciones Públicas.* Madri: Rialp, 1960.

Da Via, Sarah Chucid. *Opinião pública: técnicas, deformação e problemas de controle.* São Paulo: Loyola, 1983.

Davis, Frank. *Terceirização e multifuncionalidade.* São Paulo: STS, 1992.

D'Azevedo, Martha Alves. *Relações Públicas – Teoria e processo.* Porto Alegre: Sulina, 1971.

Delano, Barbara A. *Las Relaciones Públicas en Chile.* Santiago: Universitária, 1990.

Del Solar, Francisco José. *Nuevos conceptos sobre Relaciones Públicas.* Lima: Reacionistas Associados, 1972.

_____. *Importância de las Relaciones Públicas en el processo de cambio.* Lima: Relacionistas Associados, 1973.

_____. *Relaciones humanas y Relaciones Públicas.* Lima: Solartre, 1981.

Doty, Doroty. *Publicity and Public Relations.* Nova York: Barrons, 1990.

Enciclopédia Larousse Cultural, v. 22, p. 5435. São Paulo: Nova Cultural, 1999.

Enneceus, Kipp Wolkk. *Tratado de direito civil.* São Paulo: Loyola, 1998.

Erbolato, Mário. *Dicionário de propaganda e jornalismo.* Campinas: Papirus, 1985.

Etremadoyro, Enrique E. *Relaciones Públicas y la empresa.* Lima: San Marcos, 1982.

Ettinger, Karl. *Pesquisa e Relações Públicas.* São Paulo: Ibrasa, 1964.

Evangelista, Marcos Fernando. *Relações Públicas – Fundamentos e legislação.* 2ª ed. Rio de Janeiro: Rio, 1977.

_____. *Planejamento de redações públicas.* Rio de Janeiro: Ediouro, 1983.

Comunicação dirigida escrita na empresa

FAYOL, Henri. *Administração industrial e geral*. São Paulo: Atlas, 1970.

FERRARI, Pollyana. *Jornalismo digital*. São Paulo: Contexto, 2003.

FERRARI, Zuleica Seabra. *Defesa do consumidor*. São Paulo: Loyola, 1998.

FILOMENO, José Geraldo Brito. *Código brasileiro de defesa do consumidor*. São Paulo: Forense Universitária, 1998.

FIUZA, Ricardo (org.). *Novo Código Civil comentado*. São Paulo: Saraiva, 2003.

FORTES, Waldir Gutierrez. *Pesquisa institucional*. São Paulo: Loyola, 1990.

_____. *Transmarketing*. São Paulo: Summus, 1994.

_____. *Relações Públicas: processo, funções, tecnologia e estratégias*. Londrina: UEL, 1998.

FLEURY, Maria Tereza Leme e FISCHER, Rosa Maria. *Cultura e poder nas organizações*. 2ª ed. São Paulo: Atlas, 1996.

FREITAS, Antonio de Lisboa Mello. *Relações Públicas – Casos atuais, perspectivas futuras*. Porto Alegre: Sulina, 1985.

FREITAS, Maria Ester. *Comunicação organizacional*. São Paulo: Makron Books, 1991.

FRIEDMAN, Milton e FRIEDMAN, Rose. *Liberdade de escolher*. Rio de Janeiro: Record, 1980.

GADE, Christiane. *Psicologia do consumidor*. São Paulo: Pedagógica Universitária, 1980.

GIACOMINI FILHO, Gino. *Consumidor versus propaganda*. São Paulo: Summus, 1991.

GIANGRANDE, Vera e FIGUEIREDO, José Carlos. *O cliente tem mais do que razão: a importância do ombudsman para a eficácia empresarial*. São Paulo: Gente, 1997.

GIGLIO, Ernesto. *O comportamento do consumidor e a gerência de marketing*. São Paulo: Pioneira, 1996.

GRAHAM, Wilson, *Fazendo acontecer a mudança*. São Paulo: Saraiva, 1996.

Guia de Relaciones Públicas. Madri: Deusto, 1990.

GURGEL, J. B. Serra. *Cronologia da evolução histórica das Relações Públicas*. 3ª ed. Brasília: Linha Gráfica e Editora, 1985.

HALLIDAY, Tereza Lúcia. *Comunicação e organização no processo de desenvolvimento*. Petrópolis: Vozes, 1975.

HARLOW Eric e COMPTON, Read. *Comunicação: processo, técnicas e práticas*. São Paulo: Atlas, 1980.

Cleuza G. Gimenes Cesca

HARRIS, Thomas L. *The marketer's guide to Public Relations*. Nova York: John Wiley & Sons, Inc., 1991.

HERNANDEZ, Alfredo Urbina. *Manual de Relaciones Públicas*. Lima: Raiz, 1982.

JACOBINA, Paulo Gonçalves. *A publicidade no direito do consumidor*. Rio de Janeiro: Forense, 1986.

JESUS, Damásio E. de. *Direito penal*. São Paulo: Saraiva, 1997.

JUCIUS, Michael J. e SCHLENDER, William. *Introdução à administração*. São Paulo: Atlas, 1971.

KOONTZ, Harold e O'DONNEL, Cyril. *Princípios de administração*. São Paulo: Pioneira, s/d.

KOTLER, Philip. *Marketing para o século XXI*. São Paulo: Futura, 2000.

KUNSCH, Margarida Maria K. (org.). *Obtendo resultados com Relações Públicas*. São Paulo: Pioneira, 1997.

_____. *Planejamento de Relações Públicas na comunicação integrada*. São Paulo: Summus, 1989.

KWASNICKA, Eunice Lacava. *Introdução à administração*. São Paulo: Atlas, 1981.

_____. *Relações Públicas e modernidade – novos paradigmas para Relações Públicas*. São Paulo: Summus, 1999.

_____. *Planejamento de Relações Públicas na comunicação integrada*. 4ª ed. São Paulo: Summus, 2003.

ILLESCAS, Washington Dante. *Como se praticar a las Relaciones Públicas*. Buenos Aires: Libraria Mitre, 1971.

_____. *Como planear las Relaciones Públicas*. Buenos Aires: Libraria Mitre,1975.

LAMARCA, Antonio. *O livro da competência*. São Paulo: Revista dos Tribunais, 1979.

LAMPREIA, J. Martins. *Comunicação empresarial*. Lisboa: Texto, 1992.

LEDUC, Robert. *Propaganda – uma força a serviço da empresa*. São Paulo: Atlas, 1977.

LEIRIA, Jerônimo Souto. *Terceirização*. São Paulo: Ortiz, 1992.

LEITE, Roberto Paula. *Relações Públicas*. São Paulo: José Bustalshky, 1971.

LIMA, Gerson Moreira. *Release mania*. São Paulo: Summus, 1985.

LITTERER, Joseph. *Análise das organizações*. São Paulo: Atlas, 1977.

LLOYD, Herbert e LLOYD, Peter. *Relações Públicas – As técnicas de comunicação no desenvolvimento da empresa*. 2ª ed. Lisboa: Presença, 1988.

_____. *Aprende tú solo Relaciones Públicas.* 3ª ed. Madri: Pirâmide, 1990.

LOUCOVOY, C. e LINON, M. *Relaciones Públicas, función de gobierno, de la empresa y de la administración.* Barcelona: Hispano-Europea, 1972.

LOZANO, Fernando. *Manual prático de Relações Públicas.* Lisboa: Livros do Brasil, s/d.

MACHADO NETO, L. *Compêndio de introdução à ciência do direito.* São Paulo: Revista dos Tribunais, 1982.

MALUF, Vírginia Raual Braga. *Universidade x empresa: um estudo de caso em Relações Públicas.* São Luís: Particular, 1987.

MANGANO, Octávio Bueno. *O poder diretivo da empresa.* São Paulo, Saraiva, 1982.

MANUAL *de Estilo – Editora Abril.* Rio de Janeiro: Nova Fronteira, 1990.

MANZO, José Maria Campos. *Marketing – uma ferramenta para o desenvolvimento.* Rio de Janeiro: Zahar, 1975.

MARQUES, Claudia Lima. *Contratos de defesa no código do consumidor.* São Paulo: Revista dos Tribunais, 1998.

MARTINS, Eduardo (org.). *Manual de redação e estilo O Estado de S. Paulo.* São Paulo: Maltese, 1990.

MARTINS, Dileta Silveira e ZILBERKNOP, Lúcia Seliar. *Português instrumental.* Porto Alegre: Prodil, 1986.

MARTINS, Fran. *Curso de direito comercial.* São Paulo: Forense Universitária, 1970.

MATRAT, Carin L. A. *Relações Públicas – Motor da produtividade.* Lisboa: Sanpedro, 1968.

MEDEIROS, João Bosco. *Técnicas de redação.* São Paulo: Atlas, 1983.

MEIRELLES, Helly Lopes. *Direito administrativo brasileiro.* São Paulo: Revista dos Tribunais, 1984.

MELO, José Marques de. *Comunicação social, teoria e pesquisa.* Petrópolis: Vozes, 1978.

MENDES, Gilberto (org.). *Manual de redação da Presidência da República.* Brasília: Presidência da República, 1991.

MERCHAN, Jean Lopes. *Teorías y técnicas magistrados de Relaciones Públicas.* Caracas: Urbina, 1979.

MOGEL, Leonard. *Making it in Public Relations.* Nova York: Collier Books, 1993.

MONTOLI, Leonardo. *Como tener buenas Relaciones Públicas.* Madri: Ibérico Europa, 1971.

MOORE, Freezer e BERTRAND, Canfield. *Relaciones Públicas*. México: CECSA, 1980.

MOREIRA, Roberto S. C. *Teoria da comunicação: ideologia e utopia*. Petrópolis: Vozes, 1979.

MORIM, Edgard. *Cultura e comunicação de massa*. Rio de Janeiro: Forense, 1977.

MOTTA, Paulo Roberto. *Transformação organizacional*. São Paulo: Qualitymark, 1997.

MOTTA, Raymundo Gonçalves. *Secretariado executivo*. São Paulo: Sugestões Literárias, 1973.

MOURA, Leonardo. *Como escrever na rede*. Rio de Janeiro: Record, 2002.

MURIEL, Maria Luisa B. e ROTA, Gilda. *Comunicación institucional: enfoque social de Relaciones Públicas*. Quito: Andina, 1980.

NIELANDER, Willian A. *Prática de las Relaciones Públicas*. Barcelona: Hispano-Europea, 1973.

NOGUERO, Antonio. *Programación y técnicas de Relaciones Públicas*. Barcelona: EUB, 1996.

OLIVEIRA, José Xavier de. *Usos e abusos de Relações Públicas*. Rio de Janeiro: Fundação Getúlio Vargas, 1971.

OUCHI, Willian G. *Teoria Z: como as empresas podem enfrentar o desafio japonês*. Trad. Auriphebo Berrance Simões. São Paulo: Fundo Educativo Brasileiro, 1982.

PENTEADO, José Roberto Whitaker. *Relações Públicas nas empresas modernas*. Lisboa: CLB, 1969.

PEREIRA, Caio. *Instituições de direito civil*. Rio de Janeiro: Forense, 1991.

PEREL, Vicente L. *Teoria e técnicas de administração*. Petrópolis: Vozes, 1973.

PERUZZO, Cecília K. *Relações Públicas no modo de produção capitalista*. São Paulo: Summus, 1981.

PINHO, José Benedito. *Relações Públicas na internet*. São Paulo: Summus, 2003.

POYARES, Walter Ramos. *Comunicação social e Relações Públicas*. Rio de Janeiro: Agir, 1974.

QUEIROZ, Carlos Alberto R. Soares. *Manual de terceirização*. 2ª ed. São Paulo: STS, 1992.

RECORDER, Maria José; ABADAL, Ernest e CODINA, Luís. *Informação eletrônica e novas tecnologias*. São Paulo: Summus, 1996.

REDFIELD, Charles. *Comunicações administrativas*. Rio de Janeiro: Fundação Getúlio Vargas, 1980.

REGO, Francisco Gaudêncio Torquato. *Comunicação empresarial – Comunicação institucional*. São Paulo: Summus, 1986.

_____. *Cultura, poder, comunicação e imagem: fundamentos da nova empresa*. São Paulo: Summus, 1991.

_____. *Jornalismo empresarial*. São Paulo: Summus, 1984.

REISS, Alvin H. *Responsabilidade cultural da empresa*. Tradução Noé Gertel. São Paulo: Ibrasa, 1975.

RIBEIRO, Paulo Décio. *Kanban*. Rio de Janeiro: COP, 1989.

ROBBINS, Stephen P. *O processo administrativo*. São Paulo, Atlas, 1981.

RODARTE, R. Fernandes. *La empresa y sus Relaciones Públicas*. México: Limusa Wiley, 1966.

RODRIGUES, Silvio. *Direito civil*. São Paulo: Saraiva, 1997.

ROSSI, A. L. Ernesto. *Relaciones Públicas-princípios*. Buenos Aires: Universitária Kennedy, 1975.

SCHERKENBACH, William W. *O caminho de Demin para a qualidade e produtividade*. Trad. Maria Clara F. Kneese. Rio de Janeiro: Quatilymark, 1990.

SHARPE, Melvin. *Trabalho apresentado na 3ª Conferência da PRSA* Miami, Flórida. 31/3 a 2/4 de 2000.

SILVA, Aldo Xavier. *A comunicação nos negócios*. Rio de Janeiro: A Casa de Vidro, s/d.

_____. *Relações Públicas e micropolítica*. São Paulo: Summus, 2002.

SIMON, Raymind. *Relações Públicas – Perspectivas de comunicação*. São Paulo: Atlas, 1972.

SOUZA, Francisco Madia. *Introdução ao marketing de 6ª geração*. São Paulo: Makron Books, 1994.

SQUIRRA, Sebastião C. de Moraes. *O século dourado – A comunicação eletrônica nos EUA*. São Paulo: Summus, 1996.

_____. *Relações Públicas e micropolítica*. São Paulo: Summus, 2001.

THAYER, Lee. *Princípios de comunicação administrativa*. São Paulo: Atlas, 1972.

TURNER, Stuart. *Manual de Relações Públicas: como fazer as coisas darem certo*. Trad. Fernando Martins. São Paulo: Círculo do Livro, 1989.

VALENTE, Célia e NORI, Walter. *Portas abertas*. São Paulo: Best Seller, 1990.

VASCONCELOS, Eduardo e HEMSLEY, James R. *Estrutura das organizações*. São Paulo: Pioneira, 1986.

WENDRAUSEN, Eugênio da Silva. *Introdução a Relações Públicas*. Porto Alegre: PUC-RS, 1974.

WEY, Hebe. *O processo de Relações Públicas*. São Paulo: Summus, 1983.

WHITELEY, Richard. *A empresa totalmente voltada para o cliente*. São Paulo: Campus/Publifolha, 1999.

WILSON, Grahan. *Fazendo acontecer a mudança*. São Paulo: Saraiva, 1996.

WRAGC, David. *Relações Públicas em marketing e vendas*. Trad. Carmem Cecília Magri. São Paulo: McGraw-Hill, 1989.

ZÜLZKE, Maria Lúcia. *Abrindo a empresa para o consumidor*. Rio de Janeiro: Qualitymark, 1991.

Artigos de periódicos

ANDRADE, C. T. de Souza. "Relações Públicas na sociedade em mudança". *Comunicaste*. Campinas, 2 (5):22-38, 1º semestre de 1985.

_____. "Marketing interno ou r.p.?" *Marketing/Negócios*. São Paulo, ano 1(10): 29 de abril de 1993.

CESCA, Cleuza G. Gimenes. "O desenvolvimento da opinião *pública*". *Comunicaste*. Campinas, 6:9-18, 1º e 2º semestres de 1988.

FRANCA, Fábio. "Jornal Mural – Nova e eficiente opção". *Catálogo brasileiro dos profissionais de Relações Públicas*, dezembro de 1988, p. 115-16.

NOGUEIRA, Nemérico. "Quem faz Relações Públicas no Brasil". *Propaganda*. São Paulo, (552):48-9, 1977.

Artigos de jornais

"Terceirização". *Jornal de Domingo* (Campinas – SP), 29 de novembro de 1992, p. 14.

"Terceirização vai eliminar 2.000 vagas na Volkswagen". *Correio Popular* (Campinas – SP), 23 de outubro de 1992, p. 7.

"Empresas investem na qualidade do atendimento". *Correio Popular* (Campinas – SP), 7 de outubro de 1992, p. 28.

"O marketing precisa de Relações Públicas" e "Nossa profissão precisa fazer marketing". *Boletim do Confere*, ano 1, nº 1, s/d.

CLEUZA GERTRUDES GIMENES CESCA é formada em Comunicação Social com habilitação em Relações Públicas pela Pontifícia Universidade Católica de Campinas (PUC-Campinas). É mestre e doutora em Ciências da Comunicação pela Universidade de São Paulo (USP).

Atuou no setor administrativo de empresas privadas por vários anos, tendo sido vice-diretora do Instituto de Artes e Comunicações da PUC-Campinas, atual Centro de Linguagem e Comunicação. Também atuou como coordenadora de departamento e do curso de Relações Públicas desse instituto.

É autora dos livros *Organização de eventos – Manual para planejamento e execução* (Summus, 2008, nona edição); *Relações Públicas e suas Interfaces* (org.) Summus, 2006; *Estratégias empresariais diante do novo consumidor – Relações públicas e aspectos jurídicos* (em co-autoria com Wilson Cesca, Summus, 2000) e *Técnicas profissionais de secretariado* (Papirus, 1984, edição esgotada). Cleuza também publica artigos em revistas científicas especializadas e participa de congressos nacionais e internacionais apresentando suas pesquisas.

Atualmente, Cleuza é professora e consultora científica da PUC-Campinas. Em 2006, foi eleita a terceira melhor Relações Públicas do Brasil na área acadêmica pelo Portal RP Bahia, que consultou a comunidade da área em todo o Brasil.

NOVAS BUSCAS EM COMUNICAÇÃO

VOLUMES PUBLICADOS

1. *Comunicação: teoria e política* — José Marques de Melo.
2. *Releasemania — uma contribuição para o estudo do press-release no Brasil* — Gerson Moreira Lima.
3. *A informação no rádio — os grupos de poder e a determinação dos conteúdos* — Gisela Swetlana Ortriwano.
4. *Política e imaginário nos meios de comunicação para massas no Brasil* — Ciro Marcondes Filho (organizador).
5. *Marketing político e governamental — um roteiro para campanhas políticas e estratégias de comunicação* — Francisco Gaudêncio Torquato do Rego.
6. *Muito além do Jardim Botânico — um estudo sobre a audiência do Jornal Nacional da Globo entre trabalhadores* — Carlos Eduardo Lins da Silva.
7. *Diagramação — o planejamento visual gráfico na comunicação impressa* — Rafael Souza Silva.
8. *Mídia: o segundo Deus* — Tony Schwartz.
9. *Relações públicas no modo de produção capitalista* — Cicilia Krohling Peruzzo.
10. *Comunicação de massa sem massa* — Sérgio Caparelli.
11. *Comunicação empresarial/comunicação institucional — Conceitos, estratégias, planejamento e técnicas* — Francisco Gaudêncio Torquato do Rego.
12. *O processo de relações públicas* — Hebe Wey.
13. *Subsídios para uma Teoria da Comunicação de Massa* — Luiz Beltrão e Newton de Oliveira Quirino.
14. *Técnica de reportagem — notas sobre a narrativa jornalística* — Muniz Sodré e Maria Helena Ferrari.
15. *O papel do jornal — uma releitura* — Alberto Dines.
16. *Novas tecnologias de comunicação — impactos políticos, culturais e socioeconômicos* — Anamaria Fadul (organizadora).
17. *Planejamento de relações públicas na comunicação integrada* — Margarida Maria Krohling Kunsch.
18. *Propaganda para quem paga a conta — do outro lado do muro, o anunciante* — Plinio Cabral.
19. *Do jornalismo político à indústria cultural* — Gisela Taschner Goldenstein.
20. *Projeto gráfico — teoria e prática da diagramação* — Antonio Celso Collaro.
21. *A retórica das multinacionais — a legitimação das organizações pela palavra* — Tereza Lúcia Halliday.
22. *Jornalismo empresarial* — Francisco Gaudêncio Torquato do Rego.
23. *O jornalismo na nova república* — Cremilda Medina (organizadora).
24. *Notícia: um produto à venda — jornalismo na sociedade urbana e industrial* — Cremilda Medina.
25. *Estratégias eleitorais — marketing político* — Carlos Augusto Manhanelli.
26. *Imprensa e liberdade — os princípios constitucionais e a nova legislação* — Freitas Nobre.
27. *Atos retóricos — mensagens estratégicas de políticos e igrejas* — Tereza Lúcia Halliday (organizadora).
28. *As telenovelas da Globo — produção e exportação* — José Marques de Melo.
29. *Atrás das câmeras — relações entre cultura, Estado e televisão* — Laurindo Lalo Leal Filho.
30. *Uma nova ordem audiovisual — novas tecnologias de comunicação* — Cândido José Mendes de Almeida.

31. *Estrutura da informação radiofônica* — Emilio Prado.
32. *Jornal-laboratório* — *do exercício escolar ao compromisso com o público leitor* — Dirceu Fernandes Lopes.
33. *A imagem nas mãos* — *o vídeo popular no Brasil* — Luiz Fernando Santoro.
34. *Espanha: sociedade e comunicação de massa* — José Marques de Melo.
35. *Propaganda institucional* — *usos e funções da propaganda em relações públicas* — J. B. Pinho.
36. *On camera* — *o curso de produção de filme e vídeo da BBC* — Harris Watts.
37. *Mais do que palavras* — *uma introdução à teoria da comunicação* — Richard Dimbleby e Graeme Burton.
38. *A aventura da reportagem* — Gilberto Dimenstein e Ricardo Kotscho.
39. *O adiantado da hora* — *a influência americana sobre o jornalismo brasileiro* — Carlos Eduardo Lins da Silva.
40. *Consumidor versus propaganda* — Gino Giacomini Filho.
41. *Complexo de Clark Kent* — *são super-homens os jornalistas?* — Geraldinho Vieira.
42. *Propaganda subliminar multimídia* — Flávio Calazans.
43. *O mundo dos jornalistas* — Isabel Siqueira Travancas.
44. *Pragmática do jornalismo* — *buscas práticas para uma teoria da ação jornalística* — Manuel Carlos Chaparro.
45. *A bola no ar* — *o rádio esportivo em São Paulo* — Edileuza Soares.
46. *Relações públicas: função política* — Roberto Porto Simões.
47. *Esprime que sai sangue* — *um estudo do sensacionalismo na imprensa* — Danilo Angrimani.
48. *O século dourado* — *a comunicação eletrônica nos EUA* — S. Squirra.
49. *Comunicação dirigida escrita na empresa* — *teoria e prática* — Cleuza G. Gimenes Cesca.
50. *Informação eletrônica e novas tecnologias* — María-José Recoder, Ernest Abadal, Luís Codina e Etevaldo Siqueira.
51. *É pagar para ver* — *a TV por assinatura em foco* — Luiz Guilherme Duarte.
52. *O estilo magazine* — *o texto em revista* — Sergio Vilas Boas.
53. *O poder das marcas* — J. B. Pinho.
54. *Jornalismo, ética e liberdade* — Francisco José Karam.
55. *A melhor TV do mundo* — *o modelo britânico de televisão* — Laurindo Lalo Leal Filho.
56. *Relações públicas e modernidade* — *novos paradigmas em comunicação organizacional* — Margarida Maria Krohling Kunsch.
57. *Radiojornalismo* — Paul Chantler e Sim Harris.
58. *Jornalismo diante das câmeras* — Ivor Yorke.
59. *A rede* — *como nossas vidas serão transformadas pelos novos meios de comunicação* — Juan Luis Cebrián.
60. *Transmarketing* — *estratégias avançadas de relações públicas no campo do marketing* — Waldir Gutierrez Fortes.
61. *Publicidade e vendas na Internet* — *técnicas e estratégias* — J. B. Pinho.
62. *Produção de rádio* — *um guia abrangente da produção radiofônica* — Robert McLeish.
63. *Manual do telespectador insatisfeito* — Wagner Bezerra.
64. *Relações públicas e micropolítica* — Roberto Porto Simões.
65. *Desafios contemporâneos em comunicação* — *perspectivas de relações públicas* — Ricardo Ferreira Freitas, Luciane Lucas (organizadores).
66. *Vivendo com a telenovela* — *mediações, recepção, teleficcionalidade* — Maria Immacolata Vassallo de Lopes, Silvia Helena Simões Borelli e Vera da Rocha Resende.
67. *Biografias e biógrafos* — *jornalismo sobre personagens* — Sergio Vilas Boas.
68. *Relações públicas na internet* — *Técnicas e estratégias para informar e influenciar públicos de interesse* — J. B. Pinho.
69. *Perfis* — *e como escrevê-los* — Sergio Vilas Boas.
70. *O jornalismo na era da publicidade* — Leandro Marshall.
71. *Jornalismo na internet* – J. B. Pinho.

IMPRESSO NA
sumago gráfica editorial ltda
rua itauna, 789 vila maria
02111-031 são paulo sp
telefax 11 **2955 5636**
sumago@terra.com.br